I0796461

Todo comienza con un match

JEFF GUENTHER Y KATE HAPP

Todo comienza con un

PARA AMAR A ALGUIEN Y MERECER SER AMADO
NO NECESITAS AMARTE A TI MISMO

DIANA

Título original: *Big Dating Energy: How to Create Lasting Love by Tapping Into Your Authentic Self*

Traducción: Carlos Díaz Romero
Diseño de interiores: Alejandra Romero
Diseño de portada: Planeta Arte & Diseño / Paulina Zaragoza Colin
Fotografía del autor: © Kara Cooper

Bajo el sello editorial DIANA M.R.
Avenida Presidente Masarik núm. 111,
Piso 2, Polanco V Sección, Miguel Hidalgo
C.P. 11560, Ciudad de México
www.planetadelibros.com.mx

Primera edición en formato epub: noviembre de 2024
ISBN: 978-607-39-2050-6

Primera edición impresa en México: noviembre de 2024
ISBN: 978-607-39-2049-0

Impreso en los talleres de Impregráfica Digital, S.A. de C.V.
Av. Coyoacán 100-D, Valle Norte, Benito Juárez
Ciudad De Mexico, C.P. 03103
Impreso en México -*Printed in Mexico*

«Conocerte a ti mismo es el inicio de toda sabiduría».

Aristóteles

«Sé fiel a ti mismo».

William Shakespeare

«La autenticidad es mi vida».

Selena Gomez

ÍNDICE

INTRODUCCIÓN

¿QUÉ SE SUPONE QUE HACEMOS AQUÍ?

(PODRÍAMOS ESTAR EN TIKTOK AHORA MISMO)

¿Listo para una opinión controvertida? Agárrate, porque aquí viene.

Tener citas es lo mejor.

¡He dicho!

No, es en serio. Me encanta tener citas: la incomodidad, la tensión, la incertidumbre, y las posibilidades infinitas que estas ofrecen.

Pero antes de que arrojes este libro directo a la basura —porque es obvio que lo escribió un lunático—, debes saber que reconozco que hay muchas cosas incómodas respecto a las citas y las relaciones. En nuestras sesiones, mis pacientes y yo hemos pasado una cantidad impresionante de horas diseccionando el lado oscuro de las citas. Y si mi pareja me pregunta una maldita vez más qué hay para cenar, no seré responsable de mis acciones (estoy bromeando, *siempre* somos responsables de nuestras acciones).

Y sí, las citas pueden resultar desagradables. Pero creo con todo el corazón, porque he visto a suficientes personas hacer cambios exitosos en esta área como para saber que es verdad, que no tiene que ser así.

El problema es que lo hacemos de manera equivocada. Hay una mejor forma de tener citas, una que de hecho es divertida, porque no pierdes el tiempo en cosas sin importancia; una forma que cuida tu lado más sensible, pero también permite que haya una conexión significativa; una forma donde eres tú mismo y sin todos los malos hábitos que has perfeccionado a lo largo de tu vida.

No te preocupes, esos malos hábitos no son permanentes y vamos a desmantelarlos juntos.

Quizá me conoces por TikTok o Instagram, quizá no (no olvides suscribirte). En cualquier caso, ¡bienvenido! Yo soy Jeff Guenther, TPL,* el sujeto detrás de la cuenta «TherapyJeff». No finjo ser un terapeuta profesional con licencia en redes sociales, realmente lo soy.

Tengo una licenciatura en Desarrollo Infantil y Familiar, y una maestría en Terapia Familiar y de Pareja (no es por presumir, pero me gradué con honores. ¡Vamos, troyanos!). Imparto clases sobre paternidad y he acumulado más de 15 000 horas de terapia con niños, adolescentes, parejas y familias.

Durante mis dos décadas como terapeuta, he ayudado a cientos de pacientes a lidiar con diversas cuestiones vinculadas con las relaciones. Si sumas a eso los miles de mensajes y preguntas que recibo de mis seguidores en TherapyJeff, verás que emerge un patrón innegable.

- ¿Por qué no puedo encontrar el tipo de conexión que anhelo?
- ¿Estoy bien como para estar en una relación?
- ¿Esto vale la pena?
- ¿Cómo puedo saber si esta persona merece mi tiempo?
- ¿En qué momento el compromiso se vuelve conformismo?
- ¿Puedo confiar en esa persona?

* TPL: Terapeuta Profesional con Licencia. *(N. del t.)*.

- ¿Peleamos demasiado?
- ¿Estamos teniendo la cantidad «correcta» de sexo?
- ¿Mi relación es sana?
- ¿Deberíamos romper?
- Y, por último, la **MÁS IMPORTANTE:** ¿hay algo mal en mí?

Llegaremos a todo ello, pero quiero abordar lo último desde ahora y para siempre. No hay absolutamente nada mal en ti. ¡Eres de lo mejor!

Mereces estar con una persona fantástica que no solo entienda tu ser real, honesto y sin adornos, sino que esté dispuesta a trabajar un poco con el fin de desarrollar una relación satisfactoria y duradera.

Y resulta que esta es la razón por la cual decidí escribir este libro.

Gran parte de la agonía de las citas gira en torno al miedo al rechazo, a no gustarle a esa persona, al «fracaso». Pero es ahí donde nos equivocamos: en vez de usar las citas como una prueba decisiva sobre tu capacidad universal de agradar (no lo hagas, bebé), le daremos la vuelta a la tortilla y las utilizaremos como un medio para descubrir con exactitud lo que *tú* quieres y te gusta, y después saldremos a encontrarlo. En cada parada del viaje de las citas y las relaciones te guiaré para que muestres exactamente tu mejor y más auténtica versión, alineada con tus necesidades y deseos, y te daré un arsenal de herramientas sencillas que alentarán (de forma gentil, sin sacrificios) a tu pareja o parejas, potenciales o establecidas, a hacer lo mismo.

Muchos de los libros de consejos sobre relaciones hablan bastante sobre todo el trabajo que necesitas hacer en ti mismo *antes* de que puedas estar en una relación exitosa. ¡Y la mejora personal es maravillosa! ¡Somos fans! Pero —y este es un pero muy grande— si lo haces bien, el trabajo personal nunca termina y una relación es el mejor lugar para realizarlo. Las relaciones no son algo que haga falta poner en espera mientras evolucionas a tu versión más perfecta y sincera. En realidad, para la mayoría de nosotros, son una parte central del viaje de sanación. Por eso es tan importante encontrar una pareja con la que puedas aprender y crecer.

Entonces, quédate conmigo durante los siguientes cientos de páginas (trataré de ser breve), y juro que serás tan molesto como yo cuando les digo a mis amigos: «No sé por qué tienes una actitud tan mala respecto a las citas. La verdad es que son superdivertidas».

MÁS SOBRE MÍ

Para este libro, así como para mis sesiones terapéuticas a lo largo de décadas, me basé en una mezcla ecléctica de teorías y metodologías, lo cual me define como un «terapeuta integrador». No es por ser presuntuoso, pero sería negligente no mencionar algunos de mis estilos de intervención favoritos. Si alguno de ellos te llama la atención, no dudes en consultarlos con tu propio terapeuta o con un buen libro que hable de la teoría:

Terapia cognitivo-conductual (TCC): la TCC es una técnica clásica de psicoterapia que ayuda a aumentar la atención sobre el pensamiento negativo con el fin de manejar de mejor forma situaciones difíciles. Además de ayudar a aquellos con trastornos de la salud mental (como la ansiedad o la depresión), la TCC es muy útil para cualquiera que busque aprender cómo gestionar situaciones estresantes (por ejemplo, no sé... ¡las citas!). Dicho eso, hay algunos inconvenientes. Algunos terapeutas reciben muchas críticas (con justa razón, en mi opinión) por basarse demasiado en la TCC, ya que esta no considera lo horrible que es el mundo (y otros factores externos que impactan en nuestra salud mental). ¡A veces no basta con saber cómo reajustar nuestros pensamientos! Por esta razón, en mis sesiones integro la TCC con muchas otras metodologías probadas.

Psicodinámica: la terapia psicodinámica es una alternativa más simple y menos prolongada que el psicoanálisis. Al igual que su primo, cuyas sesiones en el diván son tres veces por semana, la terapia psicodinámica busca revelar el contenido inconsciente de nuestra psique para aliviar la tensión mental. No sé tú, pero ¡a mí me vendría bien tener menos tensión mental! Esta técnica incrementa nuestra autoconciencia y aumenta nuestro entendimiento de la influencia del pasado en nuestro comportamiento presente. Y es la ideal a la hora de romper hábitos o comportamientos actuales que perjudican nuestras vidas románticas.

Feminista: con base en la teoría y filosofía feminista, este estilo se enfoca en entender y atender las experiencias, retos y factores sociales únicos que enfrentan las mujeres. Es un enfoque que reconoce que tu conocimiento de ti misma sobrepasa cualquier cosa que tu terapeuta pueda decirte: ¡tú eres la experta sobre tu propia vida! También me encanta porque empodera a las personas, desafía los roles de género tradicionales y promueve el cambio y la equidad sociales.

Narrativa: este enfoque ayuda a las personas a identificar sus valores, y a usar las habilidades y conocimientos que ya poseen para vivir esos valores. Los problemas son tratados como algo independiente de las personas que los experimentan, GRACIAS A DIOS. Todos tenemos montones de destrezas, habilidades, valores, compromisos, creencias y competencias que nos ayudan a cambiar nuestra relación con los problemas que influyen en nuestra vida. Cuando podemos comenzar a escribir nuevas historias por nuestra cuenta, investigando esas cualidades sin juicios, podemos empezar a expresar y cambiar aquello que nos hace tropezar en vez de dejar que todo sea un pantano tóxico interno jamás explorado.

Terapia rogeriana: también conocida como terapia centrada en el paciente o en la persona, esta metodología se basa en la empatía. Valida nuestros sentimientos, mantiene un espacio emocional para nuestros pensamientos y se enfoca en estar presente y entender realmente nuestras experiencias emocionales (¿ya notas un punto en común?).

Al igual que si estuviéramos juntos en una sesión, a lo largo del libro emplearé una combinación de las metodologías mencionadas para ayudarte a comprender el núcleo de tu ser, explorando cómo tu crianza, la sociedad, tus experiencias emocionales y traumas pasados han influido en tu vida, tu perspectiva sobre las citas y tus relaciones románticas. ¡Prometo que será más divertido de lo que suena!

EL INFIERNO ESPECÍFICO DE LAS CITAS MODERNAS

Pero antes de que lleguemos ahí, debemos rendir tributo al basurero que son las citas modernas.

En las inmortales palabras de Olivia Rodrigo, la genio del pop cuya sabiduría está adelantada a su época: «Es brutal allá afuera». La vibra colectiva en la escena de las citas es casi salvaje. Este momento pospandémico, remarcado por el ambiente, teñido de injusticia y políticamente cargado en la historia humana se siente bastante loco para la mayoría de nosotros y, como resultado, vamos por ahí con los tornillos medio sueltos en todo momento. Es comprensible, desde luego, pero hace que las citas sean más difíciles de explorar.

Y, ¡oh, Dios mío!, el tiempo que nos roban las aplicaciones. Estar al día en Hinge es como una pasantía de tiempo completo sin sueldo en el área de recepción de fotos no solicitadas de penes, sin mencionar las primeras citas dolorosamente incómodas, la agonía de esperar **ese** mensaje, el *ghosting*, el *gaslighting*, el desfile aparentemente interminable de parejas potenciales mediocres, el aburrimiento después de la luna de miel, las rupturas, y el riesgo muy real y atemorizante de salir solamente para que te pisoteen el corazón.

Otra vez.

¿Cómo se supone que navegues sobre estas aguas pantanosas de las citas y no sientas como si hubiera un 50% de probabilidades de que te coma un cocodrilo?

Es para los valientes.

Por suerte, tú eres valiente.

¡Te vas a zambullir en el pantano con valentía a fin de encontrar una conexión auténtica!

Bueno, pese al sólido argumento presentado en esas últimas líneas, este libro no trata sobre positividad tóxica y trivialidades vacías. Sí, quiero que te sientas inspirado y con esperanza, pero no estoy aquí para llenarte de montones de afirmaciones sin sentido, tampoco para tratar de convencerte de que las citas no son en ocasiones simplemente horribles.

Ambos sabemos que eso no es verdad.

No obstante, aun así, aun *ahora*, con los ajustes correctos en tu enfoque, las citas realmente son una de las actividades más gratificantes que puedes hacer por ti mismo.

Incluso en el deprimente lado oscuro de las citas, donde personajes insignificantes que no merecen compartir un elevador contigo, y mucho menos tu vida, ignoran tus mensajes, ningún esfuerzo es inútil cuando buscas una relación significativa.

Porque cada una de las veces que te arriesgas allá afuera es una oportunidad para crecer; una oportunidad para conocerte mejor y tener claros tus deseos y necesidades; una oportunidad para intentar algo nuevo, cometer errores y aprender de ellos, y, con suerte, divertirte un poco.

En resumen, ganes o pierdas —ya sea que consigas una historia graciosísima sobre una mala cita o un futuro matrimonio—, estás realizando el esfuerzo que rendirá frutos más adelante, cuando todas tus experiencias te lleven al amor solidario e integrado que has estado buscando.

Ningún esfuerzo es inútil cuando buscas una relación significativa.

CÓMO USAR ESTE LIBRO

¿Eres la reina de las primeras citas, pero parece que no puedes salir ilesa de la segunda? ¿O quizá te hacen *ghosting* después de la cuarta y no entiendes qué diablos pasa (no eres tú, son ellos)? ¿Tienes dificultades con el aburrimiento posterior a la luna de miel o con libidos que no coinciden?

Tan única y colorida como puede ser la historia específica de cada individuo, casi sin excepción, las personas están en busca de las respuestas a dos preguntas engañosamente simples en lo referente a las citas y las relaciones:

Pregunta universal uno:

¿Cómo debo actuar?

Respuesta de TherapyJeff que cambia vidas:

Como tú mismo, desde luego.

Pregunta universal dos:

¿Qué debo hacer?

Respuesta de TherapyJeff que cambia vidas:

Bueno, depende de la situación.

Fácil. Muchas gracias por leer. Fin.

No. ¡Espera! ¡Regresa, por favor! Tranquilo solo fue una broma.

Averiguar las respuestas a esas dos difíciles preguntas en cada etapa de tu viaje a través de las citas —que termina en una relación duradera y mutuamente satisfactoria, como sea que tú definas eso— es lo que de hecho vamos a hacer aquí.

En este libro, aprenderás a mostrarte tal como eres —*por ti mismo*— y a perfeccionar tu habilidad para identificar a quienes también están comprometidos a hacerlo.

Las herramientas y los ejercicios fáciles de usar de las siguientes páginas se basan en las últimas metodologías terapéuticas probadas y en mi amplia experiencia ayudando a una gran variedad de parejas e individuos a superar con eficacia sus propios retos personales en las relaciones.

Seamos sinceros, a veces los libros de consejos sobre relaciones pueden implicar un gran esfuerzo. Mucho de lo que hay allá afuera está profundamente arraigado en conceptos anticuados, cuyo objetivo es mantener matrimonios heteronormativos cojeando a toda costa. Incluso los libros más nuevos y de moda tienden a inclinarse demasiado hacia la positividad tóxica o el amor intenso y escandaloso, y si bien esos enfoques resuenan cuestionablemente en algunas personas, el mensaje subyacente a menudo es alguna versión de «Si quieres amor, necesitas cambiar».

Eso no solo es un enorme montón de estupideces, también es contraproducente y dañino.

Todo comienza con un match llega justo en el lugar en el que te encuentras, y te muestra cómo permanecer fiel a ti mismo y ser el mejor defensor de tus necesidades. Más que eso, conforme avances por las sugerencias, ejercicios y consejos prácticos que presenta el libro para varios escenarios comunes de las relaciones, obtendrás experiencia real al vivir los principios fundamentales de las relaciones gratificantes y sólidas. La práctica y la sabiduría que ganarás te servirá por siempre... incluso si tu próxima relación no lo hace.

Comenzaremos por observar algunas de las razones por las que podrías estar tropezando: las dinámicas de la relación de tus padres y las mentiras que escuchaste; el capitalismo, Disney, Hollywood y *Bachelor in Paradise* nos hieren a todos. Una vez que sepas cómo has llegado hasta donde estás y el papel que ha desempeñado tu pasado para darle forma al presente, trabajarás para identificar el tipo de relación que quieres, reconociendo que hay muchas estructuras de relaciones exitosas que quedan fuera del marco monógamo, históricamente aceptado pero risiblemente limitante.

A continuación, te guiaré por cada etapa del ciclo citas-relación, mostrándote con exactitud cómo expresar tu ser más auténtico, que es, honestamente, la única forma de forjar el tipo de conexiones genuinas que llevan a relaciones duraderas. Por último, te daré las herramientas para evaluar cuándo una relación se terminó, el esquema de una ruptura y formas de reponerte y sanar para que puedas seguir adelante e intentarlo de nuevo, ahora con más resiliencia y mejor preparado que antes.

Al final de cada capítulo, te pediré que respondas una serie de 12 preguntas diseñadas para ayudarte a encontrarte contigo mismo y aprovechar tu energía de citas en cada punto del viaje. Así que toma pluma y papel (o, ya sabes, abre una nueva nota en tu teléfono), y prepárate para conocerte como nunca. No tengas miedo: ¡eres impresionante!

Esta es tu aventura, y este libro está hecho para que lo puedas leer como mejor te funcione. Puedes saltarte partes y comenzar con cualquier capítulo que te llame la atención (o, solo como una sugerencia, con el que sea más relevante para tus necesidades particulares). Tienes mi bendición para hacer lo que te plazca (como si la necesitaras).

Pero vuelve a los otros cuando estés de ánimo. Aunque intentamos facilitar la selección del capítulo que mejor se adapte al círculo del purgatorio de las citas en el que actualmente te encuentras atorado, el último capítulo está conformado por elementos de cada uno de los anteriores. En mi experiencia, nunca sabes lo que va a resonar contigo. Además, no quieres perderte los chistes autorreferenciales perfectamente posicionados, ¿verdad?

Cuando termines este libro, tendrás claro lo que necesitas y lo que quieres, serás capaz de identificar y eliminar hábitos y patrones negativos durante tus citas, y tendrás las estrategias necesarias para encontrar, construir y mantener la relación que mejor te funcione.

Una vez que estés preparado, las citas se convierten en algo más significativo que simplemente pasar de un tarado amante de las alitas al siguiente. Es una excelente oportunidad para conocerte mejor a ti mismo, entender tus necesidades y deseos, y tener claro lo que *realmente* quieres; así, cuando encuentres al tonto amante de las alitas adecuado, te aferres a ese bocadillo sin dudarlo. ¿Y mientras eso pasa? Bueno, alguien debe mantener entretenido al chat grupal.

UNA NOTA SOBRE EL PRIVILEGIO

Tengo un privilegio significativo.

Soy un hombre blanco, cisgénero y heterosexual. Qué asco, lo sé.

Nunca he experimentado la vida como minoría, no he enfrentado la persecución, ni he estado del lado que recibe racismo, sexismo o cualquier prejuicio sistémico.

Lo menciono porque, aunque es importante para mí que este libro sea inclusivo y represente perspectivas diferentes a las mías, seguramente me quedaré corto, ya que es muy probable que tú, lector, hayas vivido experiencias o encarnes identidades que no estoy ni cerca de entender a nivel de experiencia.

Todas esas dinámicas afectan tu relación contigo mismo, cómo te desenvuelves en el mundo y cómo abordas las relaciones con los demás. También influirán en tu forma de leer este libro.

Como terapeuta (aunque, tristemente, no *tu* terapeuta), me enfocaré en aspectos comunes como el amor, la conexión, ser visto y entendido, y sentirse elegido. En mi experiencia, eso es lo que todos queremos, deseamos y merecemos, sin importar de dónde venimos.

Pero te animo a que uses tu pensamiento crítico para descartar cualquier contenido que no se aplique a ti. Este libro es terapéutico, pero **no** es terapia, lo cual es una aclaración importante.

Si algo de lo que lees aquí te causa daño, quiero que sepas, por favor, que no fue mi intención (lo cual no importa para nada, ya hablaremos de intención e impacto más adelante) y que lo lamento. Si deseas compartir tu experiencia con este material, espero que consideres escribirme a jeff@therapyjeff.com. Sin presión.

Escribí este libro junto a mi talentosa y bella compañera de escritura de muchos años, Kate (una mujer blanca, cis y hetero). Resulta que también es mi ex. ¿Recuerdas que dije que no existen los esfuerzos desperdiciados en lo relativo al tiempo que dedicas a construir relaciones? Si bien nuestra relación romántica se terminó, Kate es mi familia. Juntos aprendimos muchísimo, crecimos bastante, y ambos vivimos ahora vidas más satisfactorias y gratificantes que antes de conocernos. ¡Las acciones hablan más que las palabras!

Y DIME, ¿QUÉ TE TRAE POR AQUÍ?

Este libro es para quienes alguna vez se han sentido frustrados con las citas y las relaciones. Para quienes anhelan una pareja, pero no saben por dónde empezar. Para mis adorables ansiosos, demasiado temerosos como para siquiera crear un perfil en Hinge. Para mis bebés evitativos, alérgicos a la vulnerabilidad y a los sentimientos, que se resisten a formar conexiones profundas. Para tu mejor amigo, quien es lo mejor de lo mejor, pero parece que no puede romper el ciclo de las relaciones a corto plazo que se desvanecerán luego de dos o tres meses con una certeza cercana a la de la muerte y los impuestos. Para cada lector con una torre de libros de superación personal sobre la mesita de noche que todavía no puede conseguir una relación sana. Para cada uno de mis pacientes que ha llegado a mi oficina sintiéndose desesperanzado y seguro de que no hay nadie allá afuera que apreciará su marca personal de rareza. Sí lo hay, lo prometo.

¡Empecemos!

Pero primero, tómate el tiempo de anotar tus respuestas a las siguientes preguntas. No hay ningún problema si no tienes respuestas claras para cada una (nunca te angusties por las preguntas), y tampoco es extraño que las respuestas varíen dependiendo del día. Si te ayuda, imagina la frase «en este preciso momento» al final de cada pregunta. ¿Tu humor es positivo y abierto, o te sientes más negativo y en guardia? Lo que importa aquí es que seas honesto y respetes el lugar en el que te encuentras ahora mismo. Desarrollar la práctica de hacer una pausa para comprobar cómo estás es una herramienta sorprendentemente poderosa, y tomarse unos minutos para observar y reflexionar tiene un enorme valor. También te servirá como registro de tu viaje, que podremos revisar a lo largo del libro.

1. ¿Cómo describirías tu actitud general respecto a las citas y las relaciones?
2. ¿Qué salió bien en tus relaciones pasadas?
3. ¿Qué no salió tan bien en tus relaciones pasadas?
4. ¿Te gusta quién eres cuando estás en una relación?
5. ¿Es fácil o difícil ser auténtico durante tus citas?
6. ¿Sientes la confianza de expresar tus necesidades y deseos?
7. ¿Te sientes listo para una relación?
8. ¿Guardaste el luto apropiado por la pérdida de tus relaciones pasadas?
9. ¿Qué miedos tienes respecto a las citas?
10. ¿Qué disfrutas más de las citas?
11. ¿Crees que puedes encontrar a alguien que sea una buena pareja para ti?
12. ¿Qué esperas obtener de este libro?

CAPÍTULO **UNO**

¡LA CULPA ES DE TUS PADRES!

Antes de poder disfrutar un futuro brillante en el que sortees fácilmente cada dificultad en las relaciones y te conviertas en un maestro de las citas que muestra su versión más auténtica en el camino hacia una relación sana, vamos a explorar un poco el pasado para ver qué ha hecho que te tropieces hasta ahora. No se me ocurre una mejor manera de empezar que culpando a quien realmente se lo merece: ¡tu familia!

Incluso los padres más amorosos transmiten patrones negativos a sus hijos, y muchos de nosotros crecimos en hogares donde nuestros cuidadores no eran ideales. Tus hermanos (o la falta de ellos) también desempeñan un papel importante en cómo te desenvuelves en el mundo ahora que ya eres un adulto. Nunca se insistirá lo suficiente en la importancia de los traumas sufridos en la infancia o la adolescencia.

En este capítulo, descubrirás cómo ciertos acontecimientos de tu niñez influyen en tus relaciones románticas y comenzarás a desarrollar herramientas para mitigar el papel que desempeña tu propio bagaje familiar conforme avances.

CUESTIONES FAMILIARES

Nos guste o no (en lo personal, ¡a mí no me gusta!), nuestros padres o cuidadores principales tienen un impacto enorme en cómo nos mostramos en las relaciones sentimentales. No importa si recuerdas cada detalle de tu niñez con perfecta claridad o si todo es un nubarrón perdido en la niebla del tiempo, hay una línea directa que va desde tus experiencias iniciales hasta tu presente.

Cuando eras pequeño, los adultos a tu alrededor te demostraron cómo ser en una relación cercana a través de sus interacciones contigo y entre sí. Tu cerebro de bebito lindo solo era una masa bastante influenciable, lista para ser grabada con cualquier modelo de relaciones que se presentara. Quizá tu modelo fue una maravilla de la ingeniería construida para durar, con puros ángulos perfectos y acero reforzado, o quizá fue una porquería de cabaña hecha con palos que se desmoronan a la primera señal de mal clima. La mayoría de nosotros estamos en algún punto intermedio.

Esto es algo que todos necesitamos escuchar: **tus padres hicieron lo mejor que pudieron, aunque merecías algo mejor**.

En esa simple oración cabe un mundo de matices y áreas grises. Aun así, es normal que tu mente entre de inmediato en modo contraargumentación después de leer la primera parte del enunciado. Y sí, tienes razón, pudieron haber hecho más, haberse esforzado más, haber tenido un mejor comportamiento. Pero si bien es cierto que merecías algo mejor, no hay modo de cambiar el pasado. Además, este libro es sobre ti, no sobre tus padres, y la idea de que hicieron lo mejor que pudieron con las herramientas que tenían a su disposición en ese momento es un concepto increíblemente sanador si lo internalizas. No se trata de liberarlos de culpa, se trata de que *tú mismo* te liberes de culpa por lo que ellos hicieron o no hicieron.

¿Qué quiero decir con esto? Bueno, si puedes pasar de la ira impotente, en la que a menudo nos quedamos atascados cuando se trata de asuntos familiares, a la tristeza y, por último, a la aceptación, serás más feliz en general y tendrás relaciones románticas más exitosas.

Hay muchas versiones de la idea de que aferrarse a la ira y el resentimiento es como beber veneno y esperar que la otra persona muera (esta idea se le atribuye a todo mundo, desde Buda hasta Nelson Mandela), y concuerdo de todo corazón con esa opinión. Si te quedas atorado en la ira y la frustración hacia tus padres, solo te hieres a ti, y eso se manifiesta en cada aspecto de tu vida, incluyendo las citas románticas. Seguirás intentando llenar los vacíos que tus padres crearon (TODOS los tenemos) a través de otras personas. Al final, te decepcionarán y reforzarás las narrativas y patrones negativos. Al esforzarte en aceptar a tus padres y toda su imperfecta y falible humanidad, podrás acercarte (y lo lograrás) a aceptar esa misma humanidad en ti mismo y en tus potenciales parejas.

¿Merecías que cada una de tus necesidades fuera satisfecha por las personas que eligieron traerte a este mundo? Sin duda. ¡En especial porque eras taaan lindo! Pero tristemente ningún adulto, por muy cercano que sea con su hijo, será capaz de satisfacer todas y cada una de sus necesidades físicas y emocionales todo el tiempo, y tampoco lo hará una pareja romántica.

Por desgracia, cuando algo sale mal en nuestra niñez, sea grande o pequeño, nuestro cerebro de bebé internaliza de inmediato la sacudida, dirige la culpa hacia sí mismo, y desarrolla mecanismos de defensa que permanecen con nosotros hasta la adultez, ya sea que nos sirvan o no.

¡Maravilloso!

Te lo digo yo, un terapeuta con un título en desarrollo infantil: el único modo de entender el mundo cuando eres pequeño es asumir que, si no recibes algo que quieres, debe ser porque hay algo mal en ti.

Niños, ¿tengo razón? ¡Maduren!

Pero cuando te conviertes en un adulto, todavía sigues convencido de que hay algo mal en ti solo porque no estás viviendo el equivalente a un mes entero en las costas italianas este verano, o porque no estás cómodamente acurrucado en el sillón con el amor de tu vida viendo una tras otra las versiones extendidas de *El Señor de los Anillos* (*nerds*).

Como terapeuta con décadas de experiencia trabajando con adultos, estoy aquí para decirte que no es tu culpa, que no hay nada mal en ti, y que desarrollar una comprensión básica de lo que tus padres hicieron por ti es una de las mejores herramientas que tienes para salir airoso de toda la mierda estúpida que te echaron encima.

Tampoco podemos descartar por completo la forma en la que nuestra genética y la química natural del cerebro influyen en nuestro temperamento y nuestra personalidad. Es la naturaleza contra la crianza, mis amigos, y tu ADN tiene una silla junto a la mesa. Podrías pasar años en terapia descargando las especificaciones de cómo tu combinación única de genes, mezclada con tus primeras experiencias en la niñez, te convirtieron en quien eres hoy. Para nuestro propósito, vamos a indagar en uno de los indicadores más directamente relacionados con la forma en la que te muestras en las relaciones románticas, en otras palabras, ¿cómo lidiaron contigo tus padres o cuidadores principales cuando ocurrió una ruptura?

ESPERA, ¿UNA QUÉ?

El término *ruptura* en la jerga terapéutica es cualquier suceso que causa un quiebre en la conexión padre-hijo. Una ruptura puede ocurrir cuando no te sientes visto o validado. Ocurrió cada vez que no se satisfizo alguna necesidad del pequeño tú. Una ruptura puede ser un pequeño malentendido, una discusión mediana, una pelea enorme o cualquier punto intermedio. Estos son algunos ejemplos:

- Un bebé quiere otra galleta y le dicen «No más galletas». Entonces tiene una crisis a gran escala.

  ¡Ah, la traición!

- Le piden a un niño de 4 años que guarde silencio mientras intenta contar una historia.

  ¡Qué groseros!

- Un padre no recibe las señales no verbales de que su criatura de 7 años está teniendo un mal día.

  ¡Ponme atención!

- Un padre hace algo que asusta a su hijo.

  ¡¿Por qué le gritaste así a papá?!

Las rupturas ocurren todo el tiempo. Nadie va por la vida sin experimentar estrés, y ninguna relación padre-hijo está libre de momentos de tensión y conflicto. Las rupturas son en realidad una parte importante de nuestro crecimiento y desarrollo. Nos ayudan a desarrollar resiliencia y nos enseñan cómo actuar en las relaciones entre adultos. Lo importante (y apuesto a que ya sabes a dónde voy con esto) es cómo **respondieron** tus padres a las rupturas inevitables.

DIME, BEBÉ, ¿CUÁL ES TU ESTILO DE APEGO?

La teoría del apego, un concepto psicológico desarrollado en primera instancia por John Bowlby en la década de 1950, permeó incuestionablemente la cultura popular. #DatingTok[1] lo entiende. De acuerdo con la teoría, el apego no es un suceso de una sola vez, sino un proceso continuo que comienza en el nacimiento y continúa a lo largo de los primeros años de vida.

En la teoría del apego, es fundamental la creencia de que la relación de un niño con su cuidador principal afecta su estilo de

[1] *Hashtag* que engloba la esfera dedicada a citas en la red social TikTok. *(N. del t.)*.

apego por el resto de su vida. Sí, los problemas e inseguridades de apego no resueltos en la niñez temprana pueden tener un impacto negativo en las relaciones durante la adultez y también pueden explicar por qué no puedes dejar de salir con *fuckboys*. Los estudios muestran que tan solo con conocer tu estilo de apego puedes obtener beneficios.[2] No importa cuál sea tu estilo de apego, no te desanimes. Es una manera útil de comenzar a entender algunos de los bloqueos que experimentas, pero esto puede cambiar con el tiempo dependiendo de la situación, tus experiencias, la evolución de tus necesidades y tu deseo de crecer.

TRIADA DE LA RUPTURA

Una de las primeras preguntas que les hago a mis nuevos pacientes es la siguiente: cuando pediste alivio emocional, ¿qué recibiste? ¿Recibiste amor, calidez, atención positiva y afecto, o te ignoraron, rechazaron y descartaron? ¿Te sentiste valorado o apartado? ¿Recibiste el mensaje de que tus sentimientos merecían atención o de que eran demasiado para los demás?

¡Eso es muy importante! Porque la forma en que los adultos de tu vida te respondían cuando eras un niño, sobre todo después de una ruptura, tiene una relación directa con la forma en la que esperas que te respondan tus parejas románticas, seas consciente de ello o no.

Los padres de todos meten la pata a veces. Al igual que todos, tienen días horrendos en los que sus propias reservas de resiliencia están agotadas. Incluso los mejores padres fallan en responder a sus

[2] Si no sabes cuál es tu tipo de apego, prueba este cuestionario en línea, basado en el libro *Maneras de amar*, de Amir Levine y Rachel Heller: <https://www.npr.org/2022/02/09/1079587715/whats-your-attachment-style-quiz>. (O busca en Google «*NPR What's your Attachment Style Quiz*»).

hijos con perfecta armonía en cada momento del día. Pero lo que importa es el clima general de receptividad emocional durante tu niñez. En otras palabras, lo que recibiste la ***mayoría*** del tiempo.

Si tienes un **apego seguro** con tus padres, entonces notaron con mayor frecuencia cuando ocurrió una ruptura y buscaron resolverla tan pronto como fuera posible. También significa que sabían lo que hacían en términos de *cómo* reparar la ruptura para que no te sintieras desconectado o afectado por mucho tiempo. En el extremo más apartado del espectro, el tipo de paternidad dorada que tuviste reparó las rupturas con tal calidez y amor que la unión padre-hijo se fortaleció en cada ocasión. *¿Te sientes afectado por algo que pasó (y la verdad podría ser cualquier cosa)? ¡Tus emociones son válidas! Meditemos sobre la situación y veamos si podemos resolverlo juntos.*

Si al leer lo anterior asientes y piensas «Síp, síp, ese soy yo con mis dos mejores amigos, mamá y papá», bueno, ¡adoro que tengas eso! Y también estoy celoso.

Si tienes un **apego inseguro** con tus padres, entonces es probable que ni siquiera notaran las rupturas la mayoría del tiempo. O, de hacerlo, no tuvieron las habilidades, destreza, tiempo, energía o interés para repararlas. De cualquier modo, el pequeño tú se quedó esperando solo a la hora de lidiar con las molestias normales y diarias que ocurren en las familias. *¿Desbordas emociones? ¿Estás abrumado? ¿Te sientes inseguro o solo? ¡Qué pena! Vete a tu cuarto y no salgas hasta que puedas dejar de ser tan malcriado.*

Tener un apego inseguro no significa que no seas altamente funcional ni es una condición patológica. Y no significa que no seas capaz de estar en una relación sana. La mayoría tenemos un apego inseguro en al menos alguna forma, me incluyo. Solo significa que de niño tuviste que descubrir por ti mismo cómo sobrevivir emocionalmente o, incluso, físicamente, en ciertas situaciones. Para lograrlo, desarrollaste mecanismos de defensa para superar los sentimientos incómodos, y esos mecanismos de defensa te permitieron atravesar la niñez. Como tus necesidades no fueron del todo satisfechas, encontraste formas de manejarlo, lo cual es superimpresionante si lo piensas. ¡Estoy orgulloso de todos nosotros!

Entonces, ¿qué significa esto para tus relaciones románticas adultas?

Para empezar, es probable que esos mecanismos de defensa que desarrollaste de niño te condujeran a comportamientos poco sanos que te han estorbado a la hora de formar apegos seguros en tu vida adulta. Aprendiste al principio que, en las relaciones íntimas, necesitas valerte de esas defensas para protegerte. Si bien eso era verdad entonces, lo más probable es que ya no sea cierto. Sin embargo, puede que tu cerebro y tu corazón no hayan recibido la notificación. Fueron programados de tal forma que activan el piloto automático y despliegan esas defensas siempre que tus emociones están muy estimuladas.

Eso puede significar que estás más a la defensiva y en guardia en esos momentos. Con justa razón, ¡no confías en que el sistema (en este caso, la relación) cuidará de ti! Puede que no creas que las relaciones, románticas o de otro tipo, te vayan a dar lo que necesitas cuando lo necesitas. Además, no confías en que tus parejas románticas sean capaces de reparar la relación, y tú mismo tampoco sabes realmente cómo hacerlo. Debido a eso, tu aproximación a las relaciones será diferente a la de alguien que tiene apego seguro.

Si tienes un apego inseguro y algo sale mal en la relación, quizá primero pienses en ti: «Voy a hacer todo lo que pueda para satisfacer mis necesidades, y espero que averigües cómo satisfacer las tuyas. ¡Buena suerte a los dos!».

O, por el contrario, puede que te pongas al último, aplastando tanto tus propias necesidades que apenas puedes acceder a ellas por miedo a que expresarlas no sea seguro: «¿Necesidades? ¿Qué necesidades? No las conozco».

El punto es que tu primer instinto no va a ser colaborar en calma y sentir curiosidad por saber cómo puede cambiar o adaptarse el sistema para satisfacer las necesidades de *todos*. Tal vez surjan sentimientos de ansiedad o pánico, mezclados con preocupaciones sobre cómo vas a sanar la ruptura. El mecanismo de defensa que desarrollaste siendo niño (y reforzaste en otras relaciones) se activará. Si tu mecanismo de defensa primario es alejarte, eso harás. Si es exigir más, eso harás. Si es bromear, eso harás. Si es convertirte en un *influencer* de TikTok o Instagram que no deja de hablar sobre satisfacer tus necesidades, lo cual en realidad solo es una obvia petición de atención y validación, eso harás.

Alguien con un apego seguro (bostezo, qué aburrido) confía naturalmente en que, si algo sale mal en una relación, puede resolverse. Cuando algo no marcha bien, la persona con apego seguro pensará algo como «¿Qué cambios podemos hacer todos para satisfacer mutuamente nuestras necesidades? ¿Cómo puede equilibrarse el sistema (la relación) para que todos seamos felices?». Además, reconocerá...

- ✧ Si hacen falta acuerdos.
- ✧ Si hace falta validar sentimientos.
- ✧ Si hace falta resolver problemas.

Lindo, ¿verdad?

Todo esto quiere decir que, si eres seguro, es probable que te vaya de maravilla y ni siquiera estés leyendo este libro, y lo lamento por ti porque no tienes trabajo que hacer y eso es triste. Y, además, eres mi modelo a seguir.

Si eres inseguro, ¡bienvenido! Eres como la mayoría de nosotros. Quieres que las cosas cambien, y estás aquí para hacer ese trabajo. La buena noticia es que tienes poder sobre las conductas que afectan tus relaciones de forma negativa. Si bien nada puede deshacer el daño de tu niñez y transformarte en una persona con apego cien por ciento seguro de la noche a la mañana, a lo largo de este libro te daré las herramientas para identificar y cambiar los patrones destructivos, y te mostraré cómo guiarte con tu versión más auténtica para que puedas dejar de elegir parejas que constantemente refuercen tus inseguridades.

¿NO RECUERDAS?

Lo que NO se recuerda tiene tanto significado como aquello que SÍ. Si tienes problemas para recordar el tipo de respuestas que recibiste de tu familia cuando buscaste apoyo, ¡esa es información valiosa!

Investigadores de la Universidad de California, en Irvine, realizaron un estudio que demostró la relación entre la memoria emocional y el estilo de apego, algo que comprobé durante mis sesiones. La mayoría de los pacientes evitativos que trato tienen pocos recuerdos de su niñez, en especial de aquellos que involucran el apoyo emocional. Esta es una señal de que, al inicio de su vida, aprendieron a reprimir sus sentimientos, alejándolos de su atención como un esfuerzo por volverse autosuficientes. En las relaciones adultas, esto puede manifestarse siendo cerrado y evitando la intimidad. Por otro lado, quienes tendemos más hacia la ansiedad, lo recordamos casi todo. Las personas así aprendieron a satisfacer sus necesidades prestando una atención excesiva a las palabras y conductas de sus padres. En nuestras relaciones adultas, tal vez prioricemos las necesidades de nuestra pareja por encima de las nuestras o nos preocupemos por estar pidiendo demasiado o ser muy «dependientes».

A lo largo de este libro, te daré las herramientas para identificar y cambiar los patrones destructivos, y te mostraré cómo guiarte con tu versión más auténtica para que puedas dejar de elegir parejas que constantemente refuercen tus inseguridades.

¡ESPERA! AÚN HAY MÁS

Hay una infinidad de maneras en las que tu crianza contribuye a tu forma de desenvolverte en el mundo, y el conflicto es una de las más grandes.

¿Recuerdas cuando tus padres se peleaban enfrente de ti? ¿Eran pasivo-agresivos? ¿Gritaban? ¿Azotaban las puertas? ¿O en el hogar de tu infancia había más bien una vibra de enojo contenido?

¿Resolvían la pelea de forma afectuosa, pero a puerta cerrada? Muchas peleas comienzan en frente de los niños, pero la resolución ocurre en privado. Esto es bastante común, y es una completa pena porque deja a los hijos fuera de la mejor parte de la resolución de conflictos, la que más sana.

Tuviste un asiento en primera fila para ver lo que sucede en una relación íntima, la única relación íntima que te importaba en aquel entonces. Y sea cual fuere el modo en el que tus padres arreglaran el desastre, hay un cien por ciento de probabilidades de que el pequeño tú lo internalizara.

¿Tus padres se separaron o se divorciaron? ¿Hubo infidelidad? ¿Tenían estabilidad financiera? ¿Alguno de ellos o ambos murieron cuando aún eras un niño? En primer lugar, ¿querían tener hijos? ¿Se enorgullecían de tus logros o estaban envueltos en sus propias vidas? Todo esto (y muchísimo más) afectará la manera en la que tú, como adulto, te muestras en tus relaciones.

Ni yo soy inmune. ¡Mi propia madre también es terapeuta! Y si crees que eso no influyó en mis decisiones profesionales, no sabes de lo que hablas.

He sido entrevistado por NPR, CNN, *Rolling Stone*, *Time* y muchas otras publicaciones que buscan opiniones de expertos. Lo que trato de decir es que soy alguien importante. No obstante, voy a necesitar que alguien se lo diga a mi mamá porque ella no está impresionada, ¡y eso me molesta demasiado!

La falta de reconocimiento de mis padres me impulsó al éxito, pero también alimenta la sed eterna de aprobación, incluso en las relaciones, ante las que tengo que permanecer muy alerta.

¿Estás molesto con tus padres? ¿Qué hay de *mi* madre? ¿Estás molesto con ella? Perfecto, sabía que tendríamos mucho en común. Más importante aún, ¿te estás cuestionando si cualquiera debiera tener hijos, tú incluido? A menos que tu nombre sea Michelle Obama, ¡piénsalo bien!

La buena noticia es que podemos desaprender toda la basura que recibimos de nuestros padres. Todo comienza reconociendo que han influido en ti, desarrollando un entendimiento básico sobre cómo se manifiestan estas influencias y decidiendo si es algo en lo que deseas trabajar.

Habrá muchas oportunidades para hacer eso a lo largo de este libro, a medida que veamos formas más sanas de manejar cosas como la comunicación, el conflicto y las conversaciones vulnerables. Cada momento, cada interacción en el viaje de las citas y las relaciones, es una oportunidad para consultarte y preguntar, ¿estoy siendo yo de forma auténtica, o es alguna estupidez que aprendí de mi tonta familia?

La buena noticia es que podemos desaprender toda la basura que recibimos de nuestros padres. Todo comienza reconociendo que han influido en ti, desarrollando un entendimiento básico sobre cómo se manifiestan estas influencias y decidiendo si es algo en lo que deseas trabajar.

¡TU MALVADA HERMANA MAYOR NO ESTÁ LIBRE DE CULPA!

No olvidemos el impacto de los hermanos. ¡También podemos culparlos por nuestros problemas en las relaciones! Si bien tus padres pueden haber sido la influencia principal respecto a la facilidad con la que formas apegos románticos, las dinámicas de hermanos tienen una gran influencia en cómo resuelves (o no) los conflictos.

Tus hermanos fueron la primera relación de pares que intentaste manejar. Fueron forzados a vivir juntos, así que tuvieron una infinidad de oportunidades para entrar en desacuerdo. Es probable que se haya establecido un manejo de conflictos muy específico, y esa forma específica va a tener un gran efecto en cómo gestionas el conflicto en tus relaciones románticas adultas.

Piensa en todas las peleas, pequeñas o grandes, que tuviste con tu hermano o hermanos. ¿Eran capaces de tener un desacuerdo y luego encontrar una manera de resolverlo mediante la cooperación y los acuerdos (como unos *nerds*)?, ¿o empezaron a gritarse y pelearse a manotazos? ¿Quizá se evitaron mutuamente para hacer corajes en privado, y sus problemas no se resolvieron (levanta la mano)?

Por desgracia, si eres hijo único, no tienes arreglo y nunca serás feliz en tus relaciones. Quizá deberías cerrar este libro y encontrar un nuevo pasatiempo o algo. Es broma, es broma. Si no tuviste hermanos, intenta pensar en las relaciones cercanas que construiste con niños de tu edad que veías de forma regular: primos, mejores amigos, o incluso algún amigo imaginario. ¿Cómo resolviste, o intentaste resolver, los conflictos con ellos?

Una manera simple de plantear lo anterior es la siguiente: ¿sentiste apoyo por parte de tus hermanos, o sentiste que continuamente estaban en guerra? Lo creas o no, hay hermanos que descubren muy pronto cómo resolver las diferencias y los desacuerdos, lo que los prepara para una comunicación sana con parejas futuras. Pero si sufriste la típica rivalidad de hermanos, es más probable que lleves a tus discusiones una hostilidad profundamente arraigada y que proyectes en tus relaciones algunas dinámicas poco sanas que no ayudan en nada...

TRAUMAS NO RESUELTOS Y OTROS MEMES

Si experimentaste cualquier tipo de trauma, esto afectará la forma en la que te muestras en las relaciones. Desde mi punto de vista, todos hemos experimentado diferentes tipos de traumas a lo largo de nuestra vida: algunos sutiles, otros significativos; algunos los recordamos, otros no. Nuestros traumas dan forma a lo que somos. Son los elementos básicos que moldean nuestra personalidad. Entonces, en cierta forma, ¡es lo que nos vuelve interesantes! Y al igual que con nuestros padres y hermanos, desarrollamos los medios necesarios para protegernos.

No siempre son algo malo. No solo nos proveen oportunidades interminables para hacer humor negro; si hemos sido heridos por un trauma, entonces no querremos ser heridos de la misma forma nunca más, por lo que descubrimos la forma de defendernos contra ello. ¡Eso es algo muy bueno!

Sin embargo, cuando las defensas que hemos construido a lo largo de una vida de traumas comienzan a estorbar de manera constante en el camino hacia una relación feliz y exitosa, necesitamos echar un vistazo de cerca a la forma en que nos sirven. Eso puede ser algo muy difícil, puesto que es complicado soltar una defensa cuando estuvo con nosotros por tanto tiempo, en especial si nos mantuvo a salvo.

Si experimentaste un trauma importante y crees que podría estar evitando que tengas el tipo de relación romántica que quieres, te recomiendo que busques a un terapeuta (aunque no siempre es algo accesible, lo sé).

La sanación es un viaje de toda la vida y la terapia es solo una ruta, pero no es la única. Incluso la terapia no es perfecta. La psicología fue inventada por hombres blancos, ricos y viejos, y mucha de la práctica todavía está arraigada en métodos desarrollados hace cien años.

Los traumas no significan que no puedas encontrar una relación feliz. No te definen. Existen muchas maneras de comenzar a procesarlos en este momento y por tu cuenta. Sé amable contigo mismo; practica la autocompasión; intenta escribir un diario y meditar, o incluso los psicodélicos (si son legales donde vives. ¡No me vayas a meter en problemas!). El tiempo realmente cura todas las heridas (¿existe una frase más irritante?).

También recuerda que no tienes que «curarte» de tu pasado para encontrar una relación exitosa en el presente. No hay nada mal en ti, ni nada que haga imposible amarte tal como eres en este preciso momento. ¡Las relaciones sanas te ayudarán a sanar!

¿QUÉ SIGUE?

¿Qué se supone que hagas con todo esto?

Tu amigo Freud —que es problemático en muchos sentidos, y probablemente deberías hacer nuevos amigos, pero es el mandamás por una razón; de hecho, tuvo ideas buenas que todavía son relevantes hoy día— dice que la idea de la terapia es hacer consciente lo inconsciente. ¡Estoy de acuerdo! Y eso es lo que haremos aquí: traer los pensamientos, emociones y patrones ocultos o reprimidos a nuestra conciencia. No te pido que resuelvas dramas viejos con tu tonta hermana o que perdones a tus padres por haberte metido en un lío incuestionable. ¡Únete a mí y vive, a pesar de todo, el resto de tu vida! Es divertido.

Pero ya conoces el famoso dicho: ser consciente de las defensas que desarrollaste en la niñez y de cómo resolvías conflictos con tus hermanos, y utilizar esa información para ser reflexivo la próxima vez que tu pareja o alguien con quien sales te provoque, ¡es la mejor venganza! Sí lo habías escuchado, ¿verdad?

Al avanzar, podrás ser consciente de cómo te afecta tu pasado. Así, podrás elegir cómo actuar con personas nuevas a las que amas. Para comenzar, piensa en estas preguntas antes de continuar:

1. ¿Qué tan bien recuerdas tu niñez? Intenta listar algunos de tus primeros recuerdos de intimidad y cercanía con tus padres o cuidadores.
2. ¿Qué debieron hacer mejor tus padres (esta es una pregunta divertida)?
3. ¿Cuáles fueron algunas de las principales fuentes de dolor en tu familia?
4. ¿Cómo te respondieron tus padres cuando se produjeron las rupturas? ¿Recibiste calidez/comprensión o rechazo/crítica?
5. ¿Qué mecanismos de defensa desarrollaste para compensar tus necesidades no satisfechas?
6. ¿Cómo resolvían tus padres los conflictos en sus relaciones? ¿Cómo crees que eso ha influido en tu manera de abordar los desacuerdos como adulto?
7. ¿Qué tipo de relación tenías con tus hermanos, solidaria o combativa?
8. ¿Cómo resolvías los conflictos con tus hermanos (u otros pares)?
9. ¿Cuáles mecanismos de defensa ya no te sirven en las relaciones románticas?

10. ¿Cómo te hubiera gustado que tus padres o cuidadores te consolaran cuando estabas disgustado? ¿Puedes hacerlo por ti mismo ahora?
11. ¿Qué heridas o traumas de la infancia se desencadenan cuando te sientes más cercano a un nuevo interés amoroso? ¿Puedes empatizar y perdonar a tus padres por decepcionarte?
12. ¿Puedes ser comprensivo y aceptar que hicieron lo mejor que pudieron con la información y conciencia que tenían? Está bien si la respuesta es «Claro que no».

CAPÍTULO **DOS**

¡CULPA A LA SOCIEDAD!

Ahora que ya sabemos cómo nos han afectado la familia y el bagaje de la infancia, echaremos un vistazo a todas las formas horrendas en las que la propia naturaleza de nuestra sociedad nos prepara para fracasar en las relaciones románticas. ¡Qué divertido!

El grado en el que los principios del capitalismo, la cultura popular y las redes sociales influyen en nuestras expectativas sobre las relaciones románticas no puede subestimarse. Al final de este capítulo, serás consciente de la forma insidiosa en la que la mentalidad «yo primero» del capitalismo influye en ti, tanto consciente como inconscientemente. También identificaremos las formas obvias en las que Hollywood nos ha estropeado (la creencia en el destino, el amor a primera vista y un «felices para siempre» libre de dificultades), así como el papel más sutil, pero no menos dañino, que las narrativas sobre las relaciones nos imponen desde nuestro nacimiento, lo cual programa nuestro cerebro. Al comenzar a desmantelar estas falsas creencias, empezarás a formar una imagen de lo que quieres verdaderamente en una relación, incluso si eso no luce exactamente como EL SISTEMA siempre te ha dicho que debería lucir.

ESO ES CAPITALISMO, CAMARADA

Seamos o no conscientes de ello, el capitalismo ha moldeado y deformado fundamentalmente nuestra forma de relacionamos.

¿Me gusta el capitalismo? ¡Claro que no! En esencia es explotador e inequitativo. ¡Las personas deben estar antes que las ganancias! ¡Impuestos para los ricos! ¡Alexandria Ocasio-Cortez para presidenta!

Pero ¿vivo en una sociedad capitalista donde la única forma de sobrevivir es ser un autómata productivo para poder costear mi extravagante gusto en mueblería? Sí. Tengo algo con los muebles. Demándame (es capitalismo, así que podrías hacerlo. ¡Asco!).

Pero hasta que logremos derrocar a los peces gordos que están al mando y erradiquemos a los multimillonarios, no hay mucho que podamos hacer para cambiar la vida bajo el capitalismo. No obstante, sí podemos hacer algo respecto a los efectos que tiene en nuestras mentes y, más específicamente, en cómo nos comportamos en nuestras relaciones.

Desde el instante en el que nacemos, nos adoctrinan con valores e ideales capitalistas. Ya sea por parte del Gobierno, nuestra familia o la cultura en general, recibimos mensajes sobre lo que significa ser «bueno» desde el primer día. Ser una persona de «valor» bajo el capitalismo es ser tan productivo como se pueda, y nos enseñan desde el inicio que nos recompensará el éxito si jugamos bajo las reglas del capitalismo (las cuales son un montón de estupideces sesgadas e injustas).

Veamos las destrezas y características que fomenta el capitalismo:

- Probar que eres el mejor y superior a todos los demás.
- Ejercer poder sobre tu entorno.
- Expresarte de la manera más escandalosa posible.
- Ser competitivo y derribar a los demás.
- Renunciar o cambiar de dirección si algo no funciona.

Es agresivo, ¿no? Pero si vamos a triunfar en este mundo voraz, esas son las características que —según nos dicen— nos impulsarán hasta la cima. A veces, ya sea por privilegio, talento o suerte (o seguramente a una combinación de los tres), llega a pasar. Mientras estemos dispuestos a participar en el juego y realizar el trabajo pesado, algunos de nosotros podremos disfrutar de los frutos de nuestro esfuerzo. Y no, no los vamos a compartir. Estas son *mis* papas a la francesa. ¡Juega el juego del capitalismo y gánate las tuyas, vividor!

Sí, cualquier novato de la carrera de Economía podría ponerse poético sobre innovación, crecimiento económico, eficiencia, elección, generación de riqueza, etcétera, etcétera, etcétera, etcétera... y lo hará (el que entendió entendió). El capitalismo funciona para algunas personas (blancas, masculinas). Entonces, ¿por qué Tanner *no* presumiría respecto al futuro? ¡Él nunca tendrá que compartir sus papas a la francesa! Pero no todos podemos ser Tanner, y por desgracia, el capitalismo significa mucho éxito para algunos selectos y sufrimiento generalizado para los demás: una fuerza laboral explotada, grupos marginados y comunidades con escasos recursos, reducción de los pequeños negocios locales y de la cohesión comunitaria que generan daño al maldito medioambiente y disminución de la salud mental. ¡El estrés de enfocarse en el éxito material es implacable!

Una de las características que definen el capitalismo tardío estadounidense es el insistente rechazo de muchos a examinar sus propios sistemas de creencias con curiosidad, desde la cultura obsesionada con la persecución vacía de ganancias hasta llegar a la forma en la que abordamos el amor y las relaciones. Estar demasiado enfocados en el triunfo individual y no en el bienestar común nos mantiene lejos de un crecimiento significativo y evita que formemos el tipo de conexiones profundas que deseamos.

No digo que no debas buscar el éxito, lo que sea que eso signifique para ti. Y tampoco tiene nada de malo ganar dinero. Que les paguen por su esfuerzo, mis niños. ¡Abajo el trabajo sin paga! Pero cuando tomamos esas mismas «habilidades para el éxito» y las trasladamos a nuestras relaciones personales, se manifiestan de forma un poco diferente:

- Poner los deseos del individuo por encima de las necesidades de la relación.
- Buscar incansablemente el tener la razón.
- Ejercer control sobre nuestra pareja.
- Desarrollar malas habilidades de escucha.
- Tomar represalias cuando nos lastiman.
- Retirarse de la relación o terminarla ante el menor inconveniente.

Todos hemos tenido experiencias con personas así, y si somos brutalmente honestos, es probable que en ocasiones nosotros mismos hayamos exhibido estas características. El capitalismo nos obliga a considerar el amor y las relaciones como algo que se gana o se posee, y como acuerdos económicos.

La mayoría de los pacientes que atiendo en terapia de pareja llega por motivos que, de una manera u otra, están relacionados con la lista anterior. Y es comprensible. Durante toda nuestra vida, hemos estado inundados con mensajes que nos dicen que debemos tomar la vida por los cuernos y hacer que trabaje para nosotros. ¿Hay algo que hace falta o que te genera un sentimiento incómodo? DOBLÉGALO ANTE TU VOLUNTAD SUPERIOR.

Es inevitable que esas conductas permeen en nuestras relaciones. El truco está en volverte consciente de cómo te comportas y tomar otras decisiones de forma deliberada.

El capitalismo nos obliga a considerar el amor y las relaciones como algo que se gana o se posee, y como acuerdos económicos.

A lo largo de este libro, te daré formas más suaves y sanas para honrar a tu yo verdadero (no el que la sociedad dice que deberías ser), para que puedas mostrarte en las relaciones de forma diferente. Aquí hay un adelanto:

- Nadie necesita «tener la razón». Las experiencias de todos son válidas y reales.
- No busques controlar a tu pareja. Creen en conjunto un ambiente en el que ambos se sientan lo bastante seguros como para ser sus versiones auténticas.
- Prioriza la escucha reflexiva para que todos se sientan escuchados y comprendidos.
- Expresa tu dolor cuando estés lastimado y permite que tu pareja desempeñe un papel en tu sanación.
- Hagan el trabajo difícil de arreglar o reparar los problemas con el fin de volverse más fuertes y cercanos.

¿Parece intimidante? No te preocupes, lo lograremos.

Mientras tanto, intentemos dejar de juzgar a la gente, especialmente su valor como parejas potenciales, con base en su empleo o lo bien que han sorteado los sistemas injustos del capitalismo. En mi experiencia, ninguna de esas cosas predice el éxito de una relación. Preocuparse por el trabajo de una pareja potencial es una mentalidad inherentemente clasista y una que puedes comenzar a desmantelar en este momento.

En su esencia, el capitalismo recompensa características que son fáciles de medir como marcadores de éxito. Y seas o no consciente de ello, esto nos obliga a ver las citas como un mercado competitivo y un juego que hay que ganar. Atributos como la altura, la juventud, la ropa a la moda y el dinero se valoran en el mercado romántico. Nos atraen debido a años de propaganda y los presentamos como «argumentos de venta», tanto sutiles como explícitos, en nuestros perfiles de citas.

¿Estoy diciendo que deberías dejar de sentir atracción por tipos altos o chicas con estilo? No necesariamente. Pero sí estoy diciendo que deberías examinar el porqué de ello y darte cuenta de que lo que nutre realmente una relación son las características que el capitalismo devalúa: gentileza, generosidad, compasión, creatividad y empatía.

Bajo el capitalismo, aprendemos pronto que «ganar» el juego consiste en presentar versiones idealizadas de nosotros mismos y poner al frente «características comercializables», en lugar de estar en contacto verdadero con nuestras versiones auténticas y lo que necesitamos. ¿Adivina qué? Si buscas una relación sana y duradera, ¡ese no es el camino!

Sea cual sea tu ideología política, te invito a adoptar de forma consciente una mentalidad más socialista al pensar en las relaciones románticas. El socialismo enfatiza el bienestar colectivo; satisfacer las necesidades de todos en la relación, no solo las necesidades del individuo. Valora características como la cooperación, el compromiso, el apoyo mutuo y el entendimiento. El socialismo también trata sobre la redistribución de recursos, lo cual, en una relación sana, significa ser equitativos en aspectos como las tareas del hogar, la crianza de los hijos, las finanzas y el manejo de la carga emocional.

No trato de convencerte de que te vuelvas total y verdaderamente socialista (guardaré eso para mi siguiente libro, *Todo comienza con un Marx*). Lo que intento transmitir es que, si puedes dejar a un lado la actitud voraz capitalista y te lo permites, el proceso de las citas es un viaje autorreflexivo durante el cual llegarás a conocerte a ti y lo que necesitas.

Una cosa más sobre el capitalismo. Recomiendo a todos mis pacientes y a cada uno de ustedes que luchen por el cambio, la equidad, la inclusividad y la igualdad en cualquier modo que tenga sentido para ustedes: voten (no es broma), apoyen a candidatos progresistas, donen, protesten, hagan voluntariado, involúcrense con organizaciones comunitarias, denle peces a las orcas que vuelcan barcos. A veces puede parecer inútil, pero debemos hacer un mejor trabajo cuidándonos mutuamente porque el capitalismo no va a hacerlo por nosotros.

Intentar ser parte de la solución es muy importante para que la vida sea más tolerable en estos tiempos modernos, así que sigue luchando esa batalla, y nos veremos en las trincheras. Además, no es por nada, pero involucrarte de forma activa en comunidades que comparten tus valores no es la peor forma de conocer a alguien... y preocuparte por tu prójimo es sexy.

ASÍ ES EL MUNDO DEL ESPECTÁCULO, BEBÉ

Es innegable. Ver relaciones sanas y seguras es increíblemente aburrido. Nadie sintoniza un canal para ver a una pareja que tiene un desacuerdo sano y lo resuelve en 15 minutos de conversación madura para después acurrucarse en el sillón. ¡Aburridooo! Ver una relación frente a nosotros solo es interesante cuando hay drama, complicaciones o caos.

¡Yo tampoco soy inmune! Me encantan todos esos momentos de grandes besos con música intensa, las bebidas arrojadas a la cara y los llantos dramáticos en cámara. ¡Me fascina!

El problema es que nadie se acerca a nosotros cuando somos pequeños para decirnos que lo que estamos viendo es entretenimiento, no educación. O, si lo hacen, el inmenso poder del gigante de la cultura popular sobre los cerebros en formación de los bebés suele superar los esfuerzos de los padres bien intencionados que limitan el tiempo de televisión. Siempre.

Rara vez se nos presentan formas sanas de resolver una pelea o coquetear con un *crush* en los medios masivos. Cuando somos lo bastante viejos como para entender verdaderamente la diferencia, ya es muy tarde. El daño está hecho, incluso si no estamos al tanto de ello. Por esta razón, una parte de nosotros, a veces una gran parte, ansía el drama en las relaciones o, por lo menos, lo acepta como la norma en cierto nivel.

Echemos un vistazo a algunos de los principales culpables que nos lavan el cerebro para pensar que es una buena idea sacrificar toda nuestra identidad para recibir un beso del héroe imperfecto al que puede o no importarle quiénes somos realmente.

VILLANOS DE DISNEY

Con el riesgo de exhibirme, una caja llena de cintas VHS de Disney (grabadas directo de la televisión por cable, como Dios manda) fue mi niñera principal entre los años de 1985 y 1987. ¡Amaba a esas desgraciadas! Pero lo que para los adultos en nuestras vidas parecía un entretenimiento inocuo y apropiado para nuestra edad, en realidad nos dio algunas ideas bastante retorcidas sobre las relaciones.

En primer lugar, el cien por ciento de esas películas gira en torno a un hombre y una mujer, o un chico y una chica, heterosexuales, que se enamoran. Así que desde el inicio no hay mucha diversidad, complejidad o espacio para relaciones menos convencionales.

¿Qué más? Vaya que esas películas se inclinan hacia la falta de consentimiento y voluntad personal. ¿Hombres besando a mujeres inconscientes? Puedo pensar en al menos dos ejemplos sin mucho esfuerzo. ¿Sacrificar tu voz por una oportunidad para presumirle tus piernas a un príncipe de guapura genérica? Sabes de quién hablo, Shmariel. Por último, y quizá la narrativa más dañina que podemos decirles a las mujeres: claro, es una bestia, ¡pero puedo cambiarlo!

Otro tema común en Disney es que la chica suspire por el chico, lo conozca una vez y piense: «Sí, ¡definitivamente quiero pasar el resto de mi vida con este tipo aburrido! ¿Viste su cabello?». No solo eso, sino que ella necesita que él la salve de su familia abusiva porque, obviamente, no puede salir de situaciones tóxicas por sí misma, con eso de que es débil e indefensa. ¡Guácala!

La velocidad con la que estas películas pasan de «Me gustas» a «Renunciaré a mi herencia y mi familia en un segundo para estar contigo por siempre, incluso si solo tuvimos un total de dos conversaciones» es una locura.

Por supuesto, todos merecemos encontrar amor y felicidad. Pero sacrificar toda tu identidad y comprometerte con alguien que no sabe nada sobre ti, más allá del hecho de que disfruta ver tu apariencia exterior, no es la forma de lograrlo.

Como adultos racionales, lo sabemos. Pero la parte de bebé con lavado cerebral todavía persiste en hacernos creer con necedad que **debería** ser así de simple. Ya sea que seamos conscientes o no de ello, es una de las cosas que nos dificulta ser nuestras versiones auténticas en las relaciones. Si la técnica principal de Cenicienta fue llegar a un baile viéndose despampanante, ¡a mí no me importa!

No intento arruinar tu niñez (mi coautora confiesa sin pudor su eterno *crush* con cierto zorro galán de dibujos animados), aunque el Disney moderno está produciendo películas de una clase ligeramente mejor (al menos ya vemos algunas heroínas que vale la pena admirar y un poco de diversidad en la mezcla). Sin embargo, el impacto negativo de los «finales de cuentos de hadas» que nos forzaron a consumir cuando éramos niños es parte de nuestro ADN.

El príncipe Eric no existe en realidad, y, de existir, sería un *nepo baby* que, literalmente, «se enamora» de la única mujer que no puede expresar sus necesidades y deseos. ¿No es una *red flag*? Estas narrativas refuerzan de forma silenciosa creencias tóxicas, como la de que el Príncipe Encantador llegará en cualquiera de estos días para llevarte en brazos, por lo que definitivamente no deberías molestarte en tener una cita con el chico agradable de Contabilidad que siempre recuerda el cumpleaños de tu gato, pero que quizá no está preparado para heredar un reino. O quizá no te esfuerzas realmente en tu relación porque Disney te dijo que, después de ese primer beso que alteró tu vida, todo sería un viaje sin tropiezos, de modo que es probable que el hecho de que a ti te guste el vino y tu pareja prefiera la cerveza significa que la relación está condenada.

Todos entendemos el atractivo de la pareja feliz que cabalga hacia el atardecer después de matar al dragón, completamente listos para saber cuál es el apellido del otro. ¿Pero sabes qué es más satisfactorio que una idea finita y limitante de lo que es un «final feliz»? Desarrollar una relación romántica profunda y duradera con otra persona basada en una conexión auténtica. No es por decir «todo se trata del viaje», pero sí, todo se trata del viaje. Conocerte a ti mismo, retarte a crecer y evolucionar, y formar relaciones verdaderas, requiere su tiempo. Ser capaz de mirar atrás y ver el valor de las experiencias compartidas de una vida o una relación, tanto buenas como malas, con un sentimiento de orgullo y satisfacción por cómo te mostraste es el verdadero premio.

BACHELOR NATION[1]

Los *reality shows* de citas son una completa pesadilla que resulta horrible para nuestras mentes colectivas, pero estoy obsesionado con ellos.

Pónganme en una mansión de una hermosa isla. Sírvanme tragos todo el día. Mándenme a bucear en grutas y a saltar en *bungee* desnudo. Incentívenme a competir por atención. No es exagerado pensar que yo (o cualquiera de nosotros) podría desarrollar sentimientos por las personas bonitas con las que me veo forzado a interactuar. O, como mínimo, enamorarme todavía más de mí mismo y mi marca personal (¡capitalismo!).

Los productores saben con exactitud lo que hacen. Fabrican entornos que hacen fluir la adrenalina y disparan la dopamina para crear la ilusión de una conexión real. También es algo delicioso de ver. Pero ¿qué mensajes nos envía eso a nosotros, los espectadores?

---

[1] Es el nombre que recibe la franquicia de *reality shows* donde un grupo de personas compite por el afecto de un soltero o soltera en excelente posición económica. *(N. del t.)*.

- ✧ Que el amor real puede encontrarse en cuestión de semanas.
- ✧ Que las relaciones se basan en la vulnerabilidad escenificada.
- ✧ Que deberías decirle «Gracias, siguiente» a un interés romántico en cuanto exhiba su primer defecto o imperfección.

Nosotros, los adultos maduros y equilibrados, sabemos que eso no es real. Pero ¿sabes quién más vio estos programas e internalizó sus perspectivas erradas? ¡Nosotros en la adolescencia!

De la misma manera que Disney influye en los niños pequeños, los *reality shows* enseñan a los adolescentes sobre relaciones. Lo cual es un problema si no tuviste padres u otros adultos que te hablaran de forma abierta sobre lo falsos y problemáticos que estos programas son en realidad. (En definitiva, yo no los tuve).

Los *reality shows* de citas son atractivos porque conectan con el romántico empedernido que hay en todos, quien quiere creer en el «amor a primera vista» y en las «almas gemelas». Aunque esas ideas son lindas, cuando se internalizan a temprana edad, crean expectativas injustas respecto a que tú y tus parejas potenciales sean el «*match* perfecto» en vez de personas reales, con defectos pero auténticas.

Hacen falta más que unas pocas semanas para conocer realmente a alguien. La conexión real ocurre luego de que se termina el periodo de luna de miel. El comportamiento escenificado, el *love bombing* y la vulnerabilidad fingida que se recompensa en los *reality shows* pueden conseguirte muchas relaciones a corto plazo, pero no te preparan para tener éxito a largo plazo.

Y tú ya sabes eso; pero aun así, es difícil soltar la idea de un «tórrido romance». Lo cual no significa que sea imposible o poco razonable enamorarse de forma rápida, solo asegúrate de que tu conexión se basa en tu verdadero yo y no en una versión falsa, bidimensional y ensayada de ti. Tu yo real, complicado y multifacético es mucho mejor.

Contraargumento: ¡*Bachelor Nation* hasta la muerte!

PURA CHISPA SIN SUSTENTO

¿Sabes por qué estos programas hacen que los espectadores (y a menudo las personas en ellos) piensen que de verdad hay enamoramiento? Es porque los productores son buenos para fabricar «chispa», esa química intensa, magnética y palpable que prácticamente salta de la pantalla.

No me malinterpretes, las chispas son maravillosas. Pero en los *reality shows*, donde hay competencia, miedo, 15 minutos de fama y ansiedad disfrazados de emoción, la chispa por lo general es fabricada y no auténtica. ¡No caigas en la trampa, amigo!

Por otro lado, si tu relación es pura chispa, ¡cuidado! Las chispas deberían ser la cereza en la cima de un helado ya de por sí delicioso. Si tu conexión es pura química chispeante sin sustancia alguna (o «sustento», como yo le llamo para que tenga sentido el título de esta sección), no te estás preparando para una relación duradera y conectada.

Si sientes que las chispas te embriagan y cambian tu vida, pero solo has conocido a la persona por poco tiempo, toma un descanso. A menos que participes en un *reality* de citas en el que las chispas se crean deliberadamente para generar drama y atraer audiencias, ¡ENTONCES DALO TODO, BEBÉ! (No soy un monstruo, solo quiero que llegues a las *suites* de fantasía).

SHOW-MÁNTICO

Puede que pienses que quieres ser rico y famoso, pero créeme, solo deberías querer ser rico. ¡Ser una celebridad parece algo horrible! Y nosotros, como sociedad, no tenemos llenadera.

Si algún día me convierto en un terapeuta de famosos (estoy seguro de que es inevitable), daré mi mayor esfuerzo para modelar relaciones sanas y realistas, lo cual será difícil debido a todas las expectativas irreales que la cultura de las celebridades ha grabado en piedra a lo largo del último siglo.

Las celebridades tienen acceso a herramientas que nosotros no tenemos (equipos completos de Relaciones Públicas, por ejemplo). No debe sorprendernos que en general se muestran a sí mismas en relaciones agradables, perfectas y libres de dificultades con otras personas talentosas (incluso cuando andan por ahí con ampolletas que contienen la sangre del otro).

¡Lo entendemos! Es un negocio y deben proteger su imagen pública. Así es como se ganan la vida (*¡cof!*, capitalismo, *¡cof!*). Pero las relaciones requieren trabajo y están repletas de altibajos, así que, obviamente, no es una representación precisa.

Por otro lado, cuando las celebridades pierden el control de sus narrativas, en ocasiones sus relaciones se convierten en un descarrilamiento de trenes, y no podemos mirar hacia otro lado. Lo que solo refuerza patrones tóxicos como la codependencia, las conductas controladoras y el abuso emocional. También alimenta nuestra asociación entre el drama y el amor. Incluso si nos repelen las conductas molestas o problemáticas, ver a gente famosa en relaciones dañinas contribuye a normalizarlas.

Las relaciones entre celebridades también pueden ser desechables. Echemos un vistazo a nuestro viejo amigo, Leonardo DiCaprio. El Romeo de Baz Luhrmann en realidad es una persona muy privada, casi nunca da entrevistas y no parece importarle lo que piensen de su vida romántica. Aun así, nos encanta escuchar sobre los ligues y las rupturas del señor Titanic. Los devoramos. Objetivamos sus relaciones, juzgamos sus elecciones de pareja, y nos reímos o nos ponemos morales cuando las cambia. Todos podemos estar de acuerdo: se ve mal (¡madura, Gilbert Grape!). ¿Pero al Lobo de Wall Street le importa? Nop. Él está bien. Está en una fiesta en un yate mientras nosotros discutimos (10/10 Gatsbies).

De nuevo, no somos idiotas. **Sabemos** que las relaciones que cubren los medios masivos —ya sea en la portada de un tabloide de supermercado o en un artículo de opinión muy intelectual— no son la vida real. Pero como las celebridades son personas reales a quienes creemos conocer en cierto nivel, las narrativas de lo que es deseable, aceptable y razonable de todos modos se filtran en los rincones de nuestra conciencia.

Incluso si solo le prestamos atención a la política de puerta giratoria de Leo, sorber ese cochinero puede tener efectos reales en la forma en la que abordamos las relaciones. La cultura de las celebridades pone mucho énfasis en la apariencia física y con frecuencia trata a las mujeres como desechables o remplazables, lo que puede afectar tu imagen corporal. Es bien sabido que las relaciones de las celebridades están llenas de drama, lo que puede hacer que algunos de nosotros sintamos que nuestras relaciones deberían tener niveles similares de emoción y conflicto. Incluso el concepto de «metas en las relaciones» surge de parejas famosas y sus muestras públicas de afecto, lo que puede generarnos expectativas irreales de aquello a lo que deberíamos aspirar en nuestras propias relaciones.

No tiene nada de malo estar al tanto de las noticias de tus actores, artistas y músicos favoritos, y sentirte involucrado en lo que les ocurre. Pero intenta ser consciente de cómo permites que eso permee tus narrativas personales respecto a las relaciones románticas.

En lo personal, todavía estoy un poco devastado por la ruptura de Phoebe Bridgers y Paul Mescal.

ASÍ SON LAS REDES SOCIALES, PAJARITO

Ah, las redes sociales. Toda la promesa de una conexión significativa con cero seguimiento real. A menos que sigas TherapyJeff (¡no olvides dejar tu *like* y comentar!), las redes sociales en general tienen el efecto paradójico de hacernos sentir más aislados y solitarios.

Ver fotos y publicaciones de las relaciones de otras personas puede llevarnos a sentir celos muy irritantes y a realizar comparaciones.

¿Por qué esos tarados pueden estar en una relación feliz y estéticamente placentera mientras yo estoy atorado intentando hacer *match* en las aplicaciones de citas?

Y ahora que todos saben cuál es su mejor ángulo para una selfie y cómo deslizarse casualmente en los mensajes privados, parece que de repente necesitamos vigilar a quién sigue nuestra pareja y por qué. Una de las preguntas más comunes que recibo de mis pacientes es: «¿Qué diablos hago respecto a todas las bellezas que mi pareja sigue en redes sociales? ¡Porque me está enloqueciendo!». (Mi respuesta: «¿Has intentado hablar con honestidad y decirle que te molesta?»).

Por favor, recuerda que las redes sociales son una versión demasiado filtrada de la realidad, y son puras sonrisas y vacaciones en la playa. No permitas que el *reel* de mejores momentos de una persona haga que cuestiones tu propio éxito en cualquier área de tu vida, incluyendo las relaciones románticas. Solo porque todos sonríen como lunáticos no significa que esa pareja viva en una bendita felicidad las 24 horas del día, los siete días de la semana. Tras bambalinas, puede que sean miserables. El punto es que no lo sabemos.

Mi mejor recomendación es que uses las redes sociales de manera responsable y con moderación. Es más fácil decirlo que hacerlo, pero una de las mejores formas de mantenerte firme en el presente es limitar tu atención a las redes. Son un desagüe para la sociedad, horribles para las relaciones, y podrás arrebatármelas de mis dedos fríos y muertos.

NUESTRA DEFINICIÓN DE AUTENTICIDAD

En estos dos capítulos he hablado mucho sobre las barreras de la autenticidad. Nuestras experiencias personales pasadas y los mensajes externos con los que somos bombardeados desde todos los ángulos hacen de esta una era particularmente difícil para conducirnos con nuestra versión auténtica. Pero ¿qué demonios quiero decir cuando digo que necesitas ser «auténtico»?

Ser auténtico significa ser fiel a ti mismo y actuar en sintonía con tu propia personalidad, valores y creencias fundamentales, aquellos que has decidido cultivar, no los que el capitalismo, la cultura pop y las redes sociales te han inculcado a lo largo de tu vida. Analizar esto requiere un poco de esfuerzo debido a todo el ruido... solo mira mi maravillosa colección de preguntas al final de cada capítulo para mayor referencia.

Cuando eres auténtico, expresas tus pensamientos, opiniones y sentimientos verdaderos sin miedo a juicios o presiones sociales. Ser real y auténtico es sexy. Literalmente, es lo más sexy que puedes ser, y te da las mejores oportunidades de conocer a alguien que sea un gran *match* para todos los elementos que te componen. Ser auténtico lleva a una autoconciencia y autoaceptación mayores, lo que a su vez crea relaciones más significativas y satisfactorias. Es la razón por la que estamos aquí. Ser auténtico puede parecer atemorizante a veces, pero es liberador cuando lo haces.

En el siguiente capítulo, te guiaré por una serie de ejercicios en los que examinarás tus valores y serás honesto respecto a quién eres y qué buscas (sea lo que sea, te lo mereces). Antes de eso, tómate unos minutos para responder estas preguntas:

1. ¿Cómo se presentan en tu vida y tus relaciones las características y destrezas que el capitalismo recompensa o devalúa?
2. ¿Tiendes a valorar los aspectos negativos del capitalismo (con énfasis en lo superficial frente a las características que fomentan el bienestar colectivo) en detrimento propio?

3. ¿Cómo puedes contrarrestar deliberadamente los efectos del capitalismo en tus relaciones?
4. ¿Cuál es la primera película que recuerdas haber visto en la niñez?, ¿qué mensajes te dio respecto a las relaciones?
5. ¿Cuáles eran tus personajes favoritos de libros, películas y programas de televisión mientras crecías?, ¿qué aprendiste de ellos (bueno y malo)?
6. ¿Estás tan obsesionado con los *reality* de citas como yo? ¿De qué formas crees que podrías haber internalizado algunos de los mensajes irreales que esos programas dan sobre las relaciones?
7. ¿Qué edad tenías cuando creaste tu primera cuenta de redes sociales? ¿Cómo crees que te afectó?
8. Investigar tu relación con las redes sociales es un gran ejercicio para conectar con tu versión auténtica. Pregúntate lo siguiente: ¿sigo muchas cuentas que solo me generan odio? ¿Qué pasaría si me tomo 15 minutos para dejar de seguir cada cuenta que no le agrega valor a mi vida? ¿Qué pasaría si me tomo cinco días sin entrar a mis redes? ¿Qué podría hacer en vez de eso? ¿A qué actividades daría prioridad si mágicamente tuviera todos esos minutos extra (ese número es PRIVADO) para mí?
9. ¿Caes en la trampa de las redes sociales de «*stalkear*» a tus exparejas? ¿Qué sentimientos te genera, y cómo te sientes respecto a la idea de abandonar de tajo ese hábito?
10. ¿Devoras noticias sobre las relaciones de ciertas celebridades como si se tratara de amigos cercanos?, ¿a quiénes y por qué?
11. Con nuestra definición de *autenticidad* en mente, ¿quién es la persona más auténtica en tu vida? ¿También es la persona

con la cual eres más auténticamente *tú?* De no ser así, ¿a qué crees que se deba?

12. ¿Sientes que la mayor parte del tiempo vives en sintonía con tu versión más auténtica? Si no es así, ¿por qué? ¿Hay cosas que ocultas o que tienes miedo de mostrarle al mundo?, ¿por qué? ¿De qué manera podrías estar más cerca de tu verdadero yo?

CAPÍTULO **TRES**

QUE TE GUÍEN LAS HERIDAS

Podríamos pasar una eternidad enfocados en el exterior, culpando por siempre a nuestras familias y a la sociedad por toda la basura que nos enseñaron. ¡Vaya que es satisfactorio! Pero, con el fin de lograr un progreso real hacia las relaciones auténticas y las conexiones profundas que ansiamos, es hora de mirar hacia el interior.

Por todas las razones que analizamos en el capítulo anterior, muchos de nosotros tenemos citas con la esperanza de tropezarnos con la persona correcta y que, cuando ocurra, sintamos que flotamos de amor. ¡Amo ese optimismo! Pero la clave para tener una relación satisfactoria es saber quién eres y lo que buscas, y dejar que eso te guíe. Piénsalo así: si vas a comprar comida sin una lista y solo esperas que los artículos correctos se revelen por sí mismos, con toda certeza volverás a casa con bombones, un tarro costoso de aceitunas y panquecitos. Técnicamente son «comida», pero no te van a dar sustento por mucho tiempo.

En este capítulo, armado con el conocimiento de cómo tu pasado y el amplio mundo en el que vives han influido en ti, te abrirás paso por una serie de ejercicios diseñados para ayudarte a cavar en algunas de las áreas más fangosas de tu mente con el fin de obtener una imagen más completa de tu yo verdadero. Después podrás identificar la diferencia entre algo «que es lindo tener» y algo «sin lo cual no puedes vivir», incluso al tratarse de la búsqueda de una pareja. Cuando termine este capítulo, tendrás una visión clara e inflexible de las características que tú —el tú real, con tus peculiaridades, defensas, miedos y todo— valoras más en una potencial pareja.

Si te pareces a mí, aunque sea poco, tu reacción a un capítulo completo de ejercicios puede ser algo parecido a: «Tarea, buuu. ¡Es horrible, profe! ¡VIVAN LAS VACACIONES!».

Pero, a lo largo del resto del libro, regresaremos al trabajo que realices en este capítulo, así que no te lo saltes. Avanza a tu propio ritmo, sé amable contigo mismo y créeme: vale la pena.

TODO COMIENZA CON UN *MATCH*

Antes de comenzar, tómate un momento para recordar lo que estamos haciendo. Para conectar con tu energía para las citas no hace falta cambiar quién eres con el fin de encontrar a la pareja perfecta. La energía para las citas consta de entender realmente quién eres, con todo y defectos, y permitir que esa versión verdadera te guíe para encontrar una relación que te apoye y te sane, y no que te provoque y hiera.

Explorar algunas de las cosas que podrían no gustarte tanto de ti mismo —como, digamos, tus miedos más profundos— puede ser atemorizante, y poner en papel las cualidades que buscamos en una pareja nos puede hacer sentir vulnerables. Por supuesto, puedes ir a la deriva y vivir una vida no examinada mientras permites que el universo tome todas tus decisiones. Hay una comodidad innegable en la idea de que todo está más allá de tu control. Pero en última instancia, para recibir lo que quieres y necesitas, tienes que colaborar con el universo para crear, y, con el fin de lograr eso, primero debes echar un vistazo en tu interior.

Cuando trabajo con pacientes en mi consultorio y encontramos un mecanismo de defensa conectado con un temor de la niñez muy arraigado, es típico ver que ocurra una de dos cosas: o los pacientes quieren pausar todo en su vida para dedicar todo su tiempo y energía a «resolver» el defecto que perciben hasta sentirse «curados», o no quieren volver a pensar en el defecto o hablar sobre él nunca más. ¡Y la verdad me identifico con ello!

Pero no se trata de ignorar partes esenciales de tu ser, ni de pasar un número predeterminado de horas en terapia hasta obtener un documento que certifique que «Estás curado y listo para una relación» (ojalá así fuera).

No necesitas cambiar tu verdadero yo con el fin de sanar, crecer y encontrar una relación romántica significativa. Si sabes quién eres y lo que buscas, puedes crecer y sanar dentro de una relación que te brinde apoyo. Ya lo he dicho, pero vale la pena repetirlo: en realidad, las relaciones son uno de los mejores lugares donde puedes trabajar en ti.

Todo comienza con un match trata sobre la magia que ocurre cuando desarrollas propia voluntad en la forma de abordar las citas y las relaciones, y sobre reconocer el poder ilimitado que tienes sobre tu vida. Lo he visto una y otra vez durante mis décadas de práctica terapéutica: cuando un paciente se hace cargo de su viaje, el cambio real y positivo es inevitable. Y hay un extra: este esfuerzo y la claridad que ofrece te servirán en todas las demás áreas de tu vida, ¡incluso si decides que permanecer en la soltería es la mejor elección en este momento o para siempre!

No necesitas cambiar tu verdadero yo con el fin de sanar, crecer y encontrar una relación romántica significativa.

Cuando comenzamos a reconocer la forma en la que nuestras experiencias (la niñez, las dinámicas familiares, los traumas) y los constructos sociales influyen en nosotros, podemos reconocer y honrar los miedos y defensas que son partes inevitables y auténticas de nosotros, **y también** decidir conscientemente buscar una pareja que satisfaga nuestras necesidades y complemente nuestro verdadero yo. Queridos, el poder de la energía para las citas estaba ahí, dentro de ustedes, todo este tiempo.

Este es un libro sobre citas y relaciones, así que tener bien claro qué es lo que buscamos en una pareja es fundamental. Pero primero haremos una pausa para realizar un pequeño autoexamen que nos centre en la autenticidad y nos ayude a tener la mentalidad adecuada para identificar las cualidades que nos proveerán conexiones de apoyo, sanadoras y significativas.

¿Recuerdas que dije que te daría maneras más amables y sanas para conectar con tu verdadero ser? Esa es justamente la intención de los primeros dos ejercicios de este capítulo. ¿Listo? ¡Comencemos!

LA DEFENSA DESCANSA

Entender tus defensas principales es un paso necesario para explorar tu ser auténtico, el cual conecta de forma directa con lo que deberías considerar prioritario respecto a potenciales parejas.

Pero ¿cómo se hace?

Bueno, nos adelantamos cuando echamos un vistazo a la forma en la que la sociedad y nuestra niñez crearon mecanismos de defensa y barreras para la autenticidad. Esas defensas se exageran todavía más en las relaciones románticas. Un recordatorio: desarrollaste esas defensas para protegerte de las heridas. ¡Gracias, amigas! El problema es que, si no las mantenemos bien vigiladas, se convierten en saboteadoras furtivas que nos impiden encontrar el amor y la conexión que merecemos.

No se trata de eliminar todas las defensas, sino de entender cómo te afectan y hacer que trabajen para ti y no en tu contra. Esto consiste en tener una relación con tus defensas en vez de pretender que no existen. Ignorarlas solo fortalece a esas ratas. Ahí está el tarado de Freud otra vez: volver consciente lo inconsciente.

Cuando eres consciente de tus mecanismos de defensa, puedes tomar la decisión premeditada de activarlos, o desactivarlos; cuando no lo eres, estás a su merced.

Quizá seas del tipo de persona que hace *ghosting*, un desastre que se aferra, o tan defensivo que podrías ser una fortaleza. Todo eso y más está completamente bien. Todos estamos un poco rotos de alguna forma. Qué aburrido sería si no lo estuviéramos.

Usamos mecanismos de defensa cuando nos sentimos amenazados, vulnerables o expuestos. Si tienes miedo de que te rechacen, abandonen o hieran (¿quién no?), te defenderás desde el punto de vista emocional. Los mecanismos de defensa no examinados también surgirán como respuesta a los conflictos menores y a las discusiones sobre nimiedades que acompañan toda relación.

Ah, ¿conque comenzaste a ver una nueva serie sin consultarme? (TERMINA CON ÉL).

En esencia, cualquier situación que desencadena una sensación de malestar emocional o inseguridad puede activar nuestros mecanismos de defensa.

Piensa en algún momento en que tuviste una pelea o desacuerdo con un amigo, un familiar o una pareja que no pudiste resolver con facilidad, y por el que definitivamente te fuiste a la cama con molestia o enojo.

¿Listo?

¿Cómo reaccionaste por la mañana cuando despertaste todavía con la molestia? ¿De qué manera(s) te alejaste instintivamente para protegerte?

Este es mi top 13 de los mecanismos de defensa más comunes (¡qué buena lista!). Marca todos aquellos con los que te identifiques.

- ❑ **Negación:** Esto NO está sucediendo y, aunque así fuera, NO quiero hablar de ello.
- ❑ **Proyección:** Yo no soy el problema, ¡tú eres el problema!

- ❑ **Racionalización:** Mira, las parejas pelean. ¡Está bien! No necesitamos resolver cada pequeño detalle.
- ❑ **Desplazamiento:** Peleamos porque ambos estábamos cansados, así que no hace falta procesar lo que sucedió.
- ❑ **Represión:** ¿Tuvimos una pelea enorme anoche? ¿De verdad? Qué raro. La verdad ni siquiera lo recuerdo.
- ❑ **Sublimación:** Iré tres horas al gimnasio. ¡ADIÓS!
- ❑ **Regresión:** No me importa que hayamos peleado. No quiero hablar de ello. No me importa nada. Además, eres un idiota, así que voy a pasar la tarde con mis amigas en el centro comercial. ¡ADIÓS! (Azota la puerta).
- ❑ **Intelectualización:** Demos un paso atrás para analizar cómo llegamos a esto sin ponernos emocionales y vulnerables, muchas gracias.
- ❑ **Evitación:** ¿Qué hay para desayunar, amor?
- ❑ **Minimización:** Ah, ¿eso? Eso no fue nada. No es para tanto.
- ❑ **Desplantes:** Azota el vaso de jugo en la mesa. Tira el pan tostado a la basura. Da pisotones mientras sube las escaleras. Azota la puerta del dormitorio.
- ❑ **Agresividad pasiva:** Me encanta que no te contengas y digas lo que se te antoje cuando nos peleamos sin importar mis sentimientos o mi experiencia emocional. Eso de verdad debe ser liberador para ti.
- ❑ **Idealización:** Fue culpa mía. Tú tienes toda la razón y yo estaba mal, como siempre. Lo haré mejor, no te merezco.

En lo personal, mi preferida es la regresión. Esa lo tiene todo.

Todos hacemos algo de esa mierda a veces. Y, como he dicho antes, estos mecanismos de defensa son la forma en que tu mente te protege de sentimientos dolorosos o incómodos. Pero, desde luego, pueden ser contraproducentes si dependes de ellos todo el tiempo. Lo complicado es que, una vez que te enganchas con algunos de tus mecanismos de defensa favoritos, las partes más inseguras y temerosas de ti realmente quieren seguir utilizándolos. En el capítulo nueve, veremos cómo puedes contrarrestar la activación de esos desgraciados, trabajando en respuestas alternativas, mecanismos de afrontamiento más sanos y mejores estrategias de comunicación. Por ahora, solo buscamos un entendimiento base de tus mecanismos de defensa más comunes para tener una idea más informada sobre las cualidades que buscamos en una relación que nos brinde apoyo.

A LO ÚNICO QUE HAY QUE TEMERLE ES... BÁSICAMENTE, A TODO

Tus mecanismos de defensa son una reacción secundaria a algo incluso más vulnerable. Debajo de cada mecanismo de defensa hay un miedo. La pregunta es ¿a qué le temes?

Marca todos los miedos que resuenen en ti:

- ❑ Tengo miedo de sentirme vulnerable y resultar herido.
- ❑ Le temo al abandono y al rechazo.
- ❑ Tengo miedo de no ser suficiente o de no merecer amor.
- ❑ Tengo miedo de ser demasiado independiente.
- ❑ Tengo miedo de ser una decepción.
- ❑ Tengo miedo de apegarme demasiado a «la persona equivocada».
- ❑ Tengo miedo de sentirme atrapado o sofocado.
- ❑ Le temo al conflicto y las discusiones.
- ❑ Tengo miedo de ser juzgado o criticado.

- ☐ Tengo miedo de ser demasiado sensible o de ser una carga.
- ☐ Tengo miedo de que no me deseen o de no ser lo suficientemente atractivo.
- ☐ Tengo miedo de que no me amen por quien soy realmente.

¿Marcaste más de una casilla? Yo también. Porque, ¿quién no le teme, aunque sea un poco, a algo como el rechazo o a ser herido? A menos que seas un robot, todos sentimos miedo en ocasiones. Es humano tener miedo, y no voy a intentar «curarte» de todos tus miedos. No se puede hacer, y si alguien te dice lo contrario, es un estafador.

Todos sentimos miedo, y todos merecemos amor. Mereces una relación sana incluso si tienes un miedo muy arraigado. No podemos evitar por siempre el potencial de que algo detone el miedo, pero podemos enfocarnos en encontrar a alguien compasivo hacia nuestros miedos, que no nos vuelva a traumar cuando se detone y actuemos a la defensiva.

¿Y quién con exactitud es ese unicornio mágico? ¡Vamos a averiguarlo!

EN FORMA ESCRITA

No vas a herir mis sentimientos si te sientes tentado a «pensar a fondo» los ejercicios de este capítulo en vez de escribir tus respuestas. Pero te recomiendo abrirte paso por esa resistencia. El acto de escribir tiene beneficios significativos. El acto físico de escribir, ya sea a mano o en máquina, activa partes del cerebro diferentes a las del pensamiento, refuerza las conexiones neuronales y facilita recordar la información. Cuando anotas metas y planes, aclaras tus intenciones, creas un mapa de acción e incrementas de forma medible las probabilidades de alcanzarlos.

¿No me crees? Pues lo siento, ¡es ciencia!

En un estudio realizado por una profesora de Psicología, la doctora Gail Matthews, los participantes que escribieron sus metas tuvieron un 42% más de probabilidades de lograrlas que aquellos que no lo hicieron. ¡Ese es un porcentaje muy grande! Y un estudio publicado en el *Journal of Experimental Psychology: Learning, Memory, and Cognition* demostró que, cuando escribimos nuestros pensamientos, sentimientos e ideas, generamos soluciones más creativas a los problemas. Escribir en estos ejercicios también te servirá para tener registro de tu progreso y hacerte responsable de ti mismo. ¡El análisis concluye! No tengo nada más que decir.

ASUNTOS ENLISTADOS

Durante las siguientes páginas, vas a crear un conjunto de tres listas interconectadas que te prepararán para tener citas con intención. Significa que tomarás decisiones deliberadas que se relacionen de forma directa con tus metas y con aquello que más te importa. Tú tienes el poder de decidir con quién pasas el tiempo. Además, cuentas con un entendimiento base de tus defensas y miedos, y cuando decidas formar acuerdos, lo harás con una visión clara.

Sin intención, a menudo terminamos volviendo al mismo tipo de persona una y otra vez. Alguien que quizá no sea un problema (mereces algo mejor), pero que, si eres sincero contigo mismo, no es adecuado para ti. Nuestros cerebros estúpidos se sienten atraídos por personas que continúan activando nuestros miedos, detonan nuestros mecanismos de defensa y profundizan nuestras heridas. Y si bien es casi imposible erradicar por completo el miedo y todo rastro de las defensas que genera, sí es posible encontrar una pareja con quien puedas crear en conjunto una relación sanadora que te permita avanzar por tus miedos y defensas de tal modo que resulte reconfortante y te alivie. Averiguar cómo podría lucir eso es un paso fundamental.

Lo que nos lleva a...

LISTA 1: MIEDOS Y DEFENSAS

Piensa en cómo te gustaría que respondiera una pareja cuando se detona alguno de tus miedos. Cuando inevitablemente despliegas uno de tus mecanismos de defensa, ¿cómo reaccionaría esta persona? ¿Cómo te apoyaría emocionalmente?

Empezaré yo. Digamos que mis miedos más profundos son el abandono y el rechazo, así como sentir que soy demasiado sensible o que soy una carga. Mis mecanismos de defensa de cajón son tener desplantes y ser pasivo-agresivo. ¡Vaya combinación! Puedo ser demasiado y amo eso de mí.

Esta es una lista de cualidades que busco en una pareja que me ayudará a sanar y que no empeorará de forma activa mis miedos y defensas:

1. **Una persona no evitativa.** Si salgo con alguien evitativo, entonces mi miedo al abandono se activará todo el tiempo. ¿Quién tiene tiempo para eso con el estado actual de la economía?
2. **Alguien que no se asuste cuando tengo desplantes.** Sí, salir corriendo del cuarto no es la respuesta más madura, pero si voy a salir con alguien que piensa que estoy loco solo porque aprecio el poder terapéutico de azotar la puerta o la ocasional limpieza del alma a través de un grito primitivo, la relación no va a durar.
3. **Alguien que puede encontrar el humor en el comportamiento pasivo-agresivo.** Sí, sueno ridículo, y puede ser útil estar con alguien que pueda aportar ligereza a las situaciones intensas señalándolo. Puede que no funcione para ti, pero para mí, sí.
4. **Una persona a la cual mis emociones le resulten atractivas y tiernas.** Si salgo con alguien que se desaparece durante tres días cuando exhibo mis sentimientos, solo va a reforzar mi temor a ser demasiado sensible (sin mencionar el abandono). Por el

contrario, si estoy con una persona a quien los grandes sentimientos le resultan algo tiernos, puedo comenzar a sanar de cualquier vergüenza asociada con experimentar mis emociones.

5. **Alguien que es tan sensible y emocional como yo.** De ese modo, nuestra dinámica estará equilibrada, y ambos podremos tener espacio emocional en la relación. Tú sientes el dolor del mundo los martes y jueves, y yo me ocupo de los lunes y miércoles (los fines de semana son para comer waffles).
6. **Una pareja que compartirá el trabajo emocional.** Puede que sea terapeuta, pero no quiero tener que ser el único que solicite reuniones sobre el «estado de la relación». ¡Pon de tu parte!

Ahora haz tu propia lista. Incluye entre tres y siete características, cualidades o conductas que te gustaría que tu siguiente pareja tuviera respecto a los miedos y defensas que marcaste antes en este capítulo. ¿Cómo te apoyaría en los momentos en los que tienes dificultades? Puedes enlistar aquello que quieres o aquello que no quieres. Usa tu pasado como fuente de inspiración, todo se vale, y está BIEN divertirte un poco.

Esta lista es importante porque te dará detalles sobre el *match* emocional que buscas. Un buen *match* emocional es aquel que no es caótico y no te traumatiza de manera constante.

Comprobación de la realidad: puede que no encuentres a una pareja recién salida del empaque que pueda darte el apoyo emocional perfecto que requieres en todo momento. Pero puedes encontrar a alguien dispuesto a conocerte de verdad, que te encuentre en el lugar en el que estás y que tenga la capacidad de hacer un poco de trabajo. En las relaciones sanas, las parejas se preparan mutuamente respecto a las formas específicas en las que les gustaría que el otro se muestre para ellos.

LISTA 2: LOS NO NEGOCIABLES

Esta es una lista divertida. Quiero que enlistes todo lo positivo que DEBE tener una pareja, lo importante (que no tenga que ver con lo material). Debe ser tan importante que, si tu pareja potencial no tuviera estas cualidades, terminarías la relación.

Esta es mi lista:

1. Alguien atento y generoso.
2. Alguien con integridad y continuidad.
3. Alguien que comparta mis valores fundamentales.
4. Alguien con empatía por humanos y animales.
5. Alguien abierto a aprender cómo crecer, para ser una buena pareja.
6. Alguien con una red de apoyo fuerte y una comunidad confiable.
7. Alguien con un sentido del humor similar y que disfrute de reír.
8. Alguien que nunca quiera ir a acampar porque acampar es de lo más miserable, ¿por qué dormir en el piso frío y duro cuando podrías estar calientito en una cama lujosa?

Puede que pienses que eso último es un chiste. Te aseguro que no.

Esta es una lista en la que no vas a hacer concesiones. Incluye de cinco a diez elementos. Y, de nuevo, aquí no solo hay cosas que *quieres* en una relación, sino aquello que *necesitas* (yo necesito con desesperación nunca volver a dormir en una casa de campaña). Está bien si llenas esta lista con cosas básicas. ¡Satisfacer tus necesidades no debería ser algo secundario!

LISTA 3: MOTIVOS DE RUPTURA

Necesitas saber qué no vas a tolerar de manera absoluta. Un motivo de ruptura ES un motivo de ruptura. Te sorprendería la frecuencia con la que necesitamos recordarnos esto, o tal vez no. Si alguno de tus pretendientes tiene siquiera alguna de estas cosas, dile «Hasta la vista, *baby*».

Mi lista se ve así:

1. Alguien que miente y guarda secretos.
2. Alguien a quien no le gustan mis amigos o viceversa.
3. Alguien en el extremo opuesto a mí en el espectro político.
4. Alguien que se molesta con facilidad o es abusivo en cualquier forma.
5. Alguien que no puede empatizar con mi experiencia.
6. Alguien peligrosamente irresponsable con las drogas, el alcohol o el dinero.

Incluye al menos tres elementos, pero no tengas miedo de lucirte con esta lista. Solo recuerda que los motivos de ruptura son diferentes de los defectos e imperfecciones. Un defecto es algo que resulta extremadamente irritante, como el gusto por Insane Clown Posse o creer que la berenjena sabe bien (no sabe bien). Puedes soportar un defecto, incluso puedes llegar a amarlo (excepto lo de la berenjena, obviamente). Un motivo de ruptura es el fin automático de una relación.

El siguiente paso es hacer que tu *bestie* llene las mismas listas y comparen notas.

LAS RELACIONES PUEDEN SANARTE

¿Para qué sirven las listas? Bueno, no solo estamos en busca de que una relación se ajuste a nosotros de manera divertida (aunque eso es algo muy importante), sino que buscamos que sea sanadora. Una relación íntima es vulnerable. Traerá a flote heridas de la niñez y cicatrices de relaciones del pasado, y va a exponerte de formas que nunca habrías imaginado. Cuando eso ocurra, una relación va a apoyar tu crecimiento, evolución y sanación, o no lo hará.

Te doy una predicción de la cual estoy muy seguro: tu próxima relación va a provocarte y activarás tus defensas. Cuando eso suceda, quizá quieras terminarla o, cuando menos, alejarte y comenzar una tendencia dañina.

Detente. Respira. Revisa tus listas.

- ¿La persona posee las cualidades que necesitas?
- ¿Está libre de conductas que consideres como motivos de ruptura?
- ¿Es un buen *match* de acuerdo con las métricas que estableciste (buen trabajo, por cierto)?

Si la respuesta a esas tres preguntas es afirmativa, entonces quizá estés actuando a la defensiva. Solo un poquito, desde luego. Una vez que seas capaz de reconocer eso, está bien que seas un poco vulnerable, podrás relajarte, podrás reconocer que tal vez tu reacción fue tantito a la defensiva. El mundo no se acabará si lo haces. Y cuando lo reconozcas, ambos podrán comenzar a averiguar qué cambios son necesarios o qué deben ajustar en el sistema (es decir, la relación), para que todo pueda continuar y, en última instancia, mejorar.

En realidad, es posible reparar el daño e incluso volverse más cercanos, pero se requiere esfuerzo, conciencia y un poco de (bueno, muchísima) vulnerabilidad.

Te pediré que revises nuevamente estas listas en momentos clave a lo largo del libro para que practiques su uso un poco, antes de liberarte en los bosques.

Hablando de listas, ¡no hay lista de preguntas en este capítulo!

Ya trabajaste duro durante esta semana, ¡se cancela la tarea! Ten unas vacaciones increíbles. ¡No corras en los pasillos!

CAPÍTULO **CUATRO**

HACER O NO HACER *MATCH*

Ahora que ya comenzaste a desarrollar una idea de aquello que te ha hecho tropezar en el pasado (y por qué), además de tener cierta noción de lo que buscas (y lo que no es para ti), estás listo para zambullirte en el océano de las citas. Pero ¿cómo diablos se supone que encuentres un pez medianamente decente con el cual puedas poner a prueba tus nuevos conocimientos? Respuesta corta: con práctica. Respuesta ligeramente más larga: ¡tienes opciones!

Claro, podrías acercarte a alguien en un bar, una tienda de libros o un muro de *rapel*, pero ¿acaso estamos en 2007?

Es broma, es broma. De hecho, hay un gran número de alternativas a las aplicaciones de citas en caso de que la simple mención de Bumble te haga arrojar tu teléfono directo al bote de basura (así que todavía no le prendas fuego al bote). Recuerda: en esta casa, ¡honramos nuestras versiones auténticas!

En este capítulo, vamos a explorar la maravilla del siglo XXI, las citas por internet: cómo crear un perfil auténtico y ganador, qué observar al evaluar *matches* potenciales y cómo mantener una vida equilibrada al internarte en el salvaje mundo de las aplicaciones de citas.

¿Estás extremadamente desconectado? No hay problema (pero envíanos una paloma mensajera y haznos saber qué se siente ser mejor que los demás). Contrario a la opinión popular, las citas por internet no son la única forma de encontrar a alguien. También exploraremos las aguas desatendidas del contacto real y obtendrás estrategias para conocer a parejas potenciales fuera de las aplicaciones. ¿Deberías pedirles a tus amigos que te presenten a alguien? ¡Sí! ¿Qué hay de hablar con esa barista linda? ¡Hazlo! Pero no acoses. Entonces, aunque hayas decidido que las citas en línea NO SON PARA TI (y te apoyo en eso), acompáñame mientras hago un desmontaje total de las aplicaciones de citas y quédate para recibir consejos prácticos y herramientas que puedes aplicar frente a frente.

LAS APLICACIONES SON EL ENEMIGO

Ah, las alegrías (validación instantánea) y las miserias (casi todo lo demás) de las citas por internet.

Seamos honestos: las aplicaciones de citas son un mal caótico. Son propiedad de corporaciones bastante sospechosas y fueron diseñadas por un montón de ingenieros instruidos para evitar que las desinstales, incluso si sus engañosas campañas de mercadotecnia alientan lo contrario. Todas y cada una de las aplicaciones han sido optimizadas con la única meta de hacer que los inversionistas ganen tanto dinero como sea posible gracias a tu corazón romántico y a tus genitales excitados.

La mayoría de las principales aplicaciones de citas son propiedad de la misma compañía matriz, Match Group. Guau, ¡qué nombre tan creativo! Ellos comenzaron Match.com, obviamente, y luego devoraron sistemáticamente a la competencia hasta dominar el espacio. Son dueños de Tinder, Meetic, OkCupid, Hinge, Plenty of Fish, OurTime y más de 45 compañías de citas. Para cuando leas este libro, sin duda ese número ya se habrá elevado. ¿Ya te tienen en sus garras, Bumble?

A los peces gordos de las grandes compañías de citas no les importa si encuentras el amor. De hecho, para sus balances finales, es mejor que no ocurra.

Dicho eso, al avanzar con autenticidad, siendo fiel al trabajo que hiciste en el capítulo anterior, puedes hacer que las aplicaciones funcionen para ti completamente. La clave es abordar las citas por internet con una estrategia, de modo que las aplicaciones relacionadas no se vuelvan otra manera cansina de desperdiciar tu tiempo en el teléfono. ¡No hagas más ricos a los ricos!

TINDER FRENTE A BUMBLE

Cada aplicación tiene su vibra única, y vas a elegir una o dos con base en lo que buscas. Cada una tiene sus pros y sus contras, desde luego. Pero de acuerdo con la investigación altamente científica y revisada por pares que mis pacientes y yo hemos realizado durante décadas, estas son las vibras irrefutables en las aplicaciones más importantes:

- **Tinder:** Quieres sexo... pero quién sabe.
- **Hinge:** Somos adultos en busca de otros adultos con ideas afines para sentar cabeza juntos en espacios estéticamente placenteros... pero también somos *cool*, así que quizá solo buscamos sexo.
- **Bumble:** Buscas algo a largo plazo, pero también somos un tanto feministas, supongo.
- **Feeld:** ¡ABAJO LA MONOGAMIA TÓXICA!
- **OkCupid:** Solo Generación X, por favor.
- **Match:** Seguimos existiendo, ¡y ahora es cosa de viejos!
- **eHarmony:** ¿Somos un culto? ¿Somos superreligiosos? *Nah*, ¡pero no nos importa en absoluto si lo piensas!

- **Plenty of Fish:** Citas para *normies* de la mediana edad que aman los chistes tontos.
- **Facebook Parejas:** ¿Supongo que intenta existir ahora? El chico Zuckerberg tiene que mantener el ritmo de algún modo. Si te gusta Facebook, ¡probablemente te guste Facebook Parejas!
- **Raya:** Recibimos tu solicitud, y vamos a consultar con algunas de las peores personas en el mundo para ver si eres tan malo como ellas.

¡Una valoración perfecta!

También hay como mil aplicaciones de nicho que intentan cambiar el juego con propuestas únicas. ¿Te gusta la marihuana? Prueba 420 Singles. ¿Eres un bebé emo? Echa un vistazo en GothicMatch. ¿En tu lista de no negociables incluiste la presencia de un bigote? Entonces Stache Passions puede ser para ti. Juro que no inventé esa última, existe y es gloriosa.

Soy fan de todos estos disruptores, así que investiga y no tengas miedo de zambullirte en algo raro o nuevo, en especial si se alinea con las cualidades que identificaste como importantes.

CÓMO CREAR UN PERFIL GANADOR

Es tentador usar Tinder o Feeld para encontrar sexo casual, mientras que al mismo tiempo usas Bumble o Hinge en tu búsqueda de una relación «seria» a largo plazo. En pos del tiempo y la eficiencia, no recomiendo este enfoque. Pero, si lo quieres, asegúrate de presentarte de manera consistente y auténtica en las múltiples plataformas. Te garantizo que, si no lo eres, las personas lo notarán. Incluso en las grandes ciudades, las parejas potenciales no son tan abundantes como nos gustaría creer, y cuando otros usuarios de múltiples aplicaciones vean que te presentas de manera diferente dependiendo de tu actividad en ellas, hay una posibilidad real de que no confíen en lo que muestras.

Dado que no es 2007, probablemente ya sepas cómo crear un perfil en una aplicación de citas. Así que detente a pensarlo un poco y no seas un cretino. Eso es todo.

Pero en serio, si te lo tomas en serio y eres fiel a ti mismo, sé que crearás un perfil magnífico por el que toda belleza caerá rendida. Eso te pone a pensar, ¿verdad?

Mucho antes de «salir al aire» —cuando la conversación solo es entre tu teléfono y tú mientras te arrastras por los diversos cuestionarios y campos abiertos en la aplicación de tu elección—, puede resultar increíblemente vulnerable presentarte de manera auténtica en tu perfil de citas. Es mucho más fácil ser superficial y retorcer la verdad de quién eres y qué quieres para ajustarte a lo que *piensas* que deberías mostrar.

Pero si comprometes lo que eres así como lo que quieres y necesitas, o incluso si no estás del todo convencido respecto al asunto, entonces es probable que cualquiera que vea tu perfil detecte eso con facilidad. Entonces las aplicaciones no te servirán, lo que confirmará tu narrativa preestablecida de que las aplicaciones de citas no sirven y experimentarás resentimiento respecto a todo el proceso.

No seas esa persona. En serio, de verdad, intenta dar tu mejor esfuerzo. Estas son algunas formas menos dolorosas de asegurarte de mostrar tu verdadero ser:

Incluye el máximo número de fotos que aguantes incluir. Y asegúrate de aparecer en ellas. Las mascotas son lindas, pero *tú* deberías estar en la foto con Rigatoni the Corgi. No subas fotos de atardeceres o anuncios de neón, a menos que los anuncios de neón increíbles sean una característica que defina tu personalidad; en ese caso, date rienda suelta. También estoy a favor de incluir una foto de tus bocadillos favoritos. Los jugadores reconocen a los jugadores.

Pero las personas están ahí para verte a ti, entonces dales lo que quieren.

No tienes que echar chispas de tanta belleza en todas las fotos. Algunos somos incapaces de tomarnos una mala foto (yo). Pero si no te consideras bendecido por la fotogenia, no te estreses, te garantizo que estás siendo demasiado duro contigo mismo.

En lo referente a las fotos, lo espontáneo les gana a las poses. Presume tu personalidad. Agrega fotos que te muestren realizando tus actividades favoritas. Lo que quieres es que tu *match* potencial pueda imaginarse con facilidad que está contigo en tus fotos. Ya sea senderismo (pero ¿por qué eso?), alfarería (sexy), coleccionar gorras chistosas (¡tontuelo!) o reventar las burbujas del plástico burbuja, una a la vez (qué satisfactorio). Crea una imagen de aquello que de verdad haces en tu vida para que los demás puedan tener claro si encajarán o no.

Incluye una foto (pero no más de una) que haga que la gente se pregunte «¿Qué diablos está sucediendo aquí?»; es una gran forma de comenzar una conversación.

Sé honesto y transparente respecto a quién eres y qué buscas. Obvio, ¿cierto? Pero te sorprenderías. Entiendo que tratas de mostrar tu lado más bello y ser lo más atractivo posible para tantas personas como se pueda, y es tentador esconder o minimizar cosas importantes por temor a limitar tus opciones. ¡Pero resiste! Mostrarte de manera falsa, incluso a través de algo que pueda parecerte insignificante en el momento, es la mejor forma de desperdiciar tu tiempo. Evítate a ti mismo y a tus posibles citas los problemas. No necesitas miles de *matches*, sino los adecuados.

No hace falta sondear las profundidades de tu alma y repartir cada pensamiento que hayas tenido, pero sé franco respecto a:

- Creencias religiosas.
- Política.

- ✧ Intención de la relación (a largo o a corto plazo, casual, solo sexo).
- ✧ Tipo de relación (monógama, cuasimonógama, poliamor).
- ✧ Edad.
- ✧ Estatura.
- ✧ Si tienes o quieres hijos.
- ✧ Si bebes, fumas o consumes drogas.
- ✧ Y, lo más importante, tu signo zodiacal. Ten cuidado con los géminis y los piscis. Es broma, ¡amo su sensibilidad!

Tu descripción es el mejor lugar para establecer lo que buscas. ¡Entonces hazlo! De nuevo, es tentador intentar hacerte el listo o el tonto, pero la mejor forma de obtener lo que quieres es... ya sabes... pedir exactamente lo que quieres. ¡Consulta tus listas! Usa un lenguaje claro y conciso para ilustrar lo que buscas en una pareja y la forma en la que quieres integrarla a tu vida. Estas son algunas plantillas de descripciones, siéntete libre de personalizarlas:

- ✧ Busco a alguien apasionado por la vida, que sienta curiosidad por el mundo y esté listo para compartir nuevas experiencias juntos.
- ✧ Busco a una pareja que valore la comunicación, la honestidad y la confianza tanto como yo. Construyamos cimientos fuertes juntos.
- ✧ Busco a alguien que comparta mi amor por la naturaleza, la buena comida y las conversaciones profundas. Exploremos y crezcamos juntos.
- ✧ Busco a alguien de buen corazón y alma empática que pueda retarme

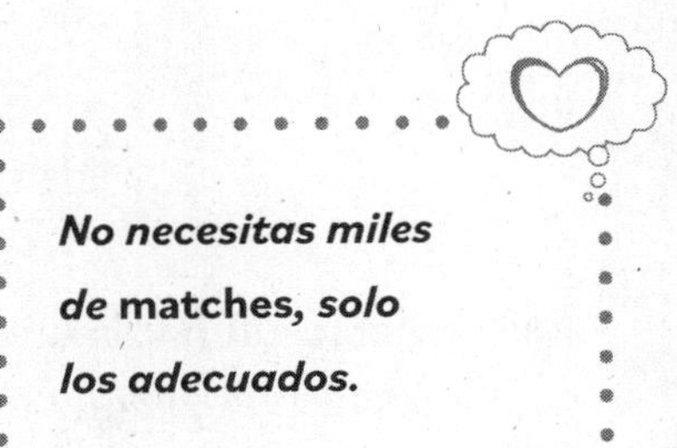

intelectualmente y me apoye emocionalmente. Hagámonos mejores el uno al otro.

- Busco a una pareja que esté dispuesta a invertir tiempo y esfuerzo en construir una relación duradera. Creemos un futuro lleno de amor y risas.

Facilita lo más posible que te responda un *match* potencial. Más allá de los datos (respecto a los cuales has sido totalmente honesto) y la descripción (donde estableciste de forma clara lo que buscas, con base en el trabajo que hiciste en el capítulo tres), puedes divertirte un poco y presumir tu sentido del humor o los lados más raros/tontos de tu personalidad. Escribe frasecillas que requieran una respuesta. Haz preguntas tontas. Comparte una opinión controversial o impopular respecto a un tema de la cultura pop. Publica algunos datos al azar respecto a ti que demanden grandes reacciones. De esa forma, la gente no tendrá que forzar sus cerebros para que se les ocurran razones por las cuales contactarte para empezar una conversación.

Pide retroalimentación. Es muy recomendable que compartas tu perfil con algunos amigos de confianza para que lo valoren. Las personas que mejor te conocen serán capaces de hacerte saber cómo perciben tu perfil. Si tienes un terapeuta, también pídele retroalimentación. Yo amo ayudar a mis pacientes con esto. Además, para ser honestos, le estás pagando a tu terapeuta, así que ¡sácale todo el jugo a tu dinero!

JUEGO, SET Y PARTIDO

Existe una razón por la que ves las coincidencias que ves. Al igual que cualquier tecnología que utiliza una plataforma basada en búsquedas para presentar contenido, las aplicaciones de citas funcionan con algoritmos. Y si el algoritmo no te muestra *matches* potenciales dignos de tu maravilloso ser, hay un par de maneras de alterar el sistema.

Interactúa más. Al igual que todos los algoritmos, el de las aplicaciones de citas quiere que vuelvas y recompensa a los usuarios que interactúan mostrándoles *matches* potenciales que también interactúan con la aplicación. Entonces, juega con el algoritmo como el buen enajenado que quieren que seas: envía *me gusta*, responde los mensajes de manera oportuna y participa en coqueteos provocativos. ¿Da asco obedecer las órdenes de Papá Algoritmo? Sí, lo sé. Pero entre más interactúes, más prioridad te dará la aplicación y te mostrará *matches* potenciales adicionales, lo que elevará tus probabilidades de encontrar a alguien que cumpla tu lista de criterios.

Expande tus criterios de búsqueda. En serio, hazlo ahora. Amplía el rango de edad y deja de obsesionarte por el peso. Recuerda aquello que identificaste como importante cuando hiciste tus listas. Si coincides con alguien un par de años fuera de tu rango deseado de edad y quizá algunos centímetros más abajo de tu ideal, pero que cumple con todo lo demás en tu lista, por el amor de Dios, ¡responde sus mensajes!

Aparta (un poco) tu atención de lo físico. Intenta no obsesionarte demasiado con la atracción física en la fase de búsqueda en aplicaciones. Es importante, sí, pero es imposible valorar con precisión cómo será una conexión física con base en las fotos de la aplicación. Además, la atracción se forma con el tiempo. Si solo tratas de hacer *match* con tu idea de un diez perfecto, ¡te pierdes de mucho! Dale una oportunidad a esos seis y siete.

Mantén a raya tus tendencias críticas. Es muy fácil (y también muy divertido) criticar los perfiles de citas de otras personas. Pero intenta no juzgar con tanta dureza. ¡Es difícil saber qué decir con un número limitado de caracteres!

Toma con pinzas la información que los demás eligen compartir, pero prepárate para tratar sus revelaciones con seriedad. Si es obvio que alguien no se esforzó en su perfil o que leerlo te aburre hasta las lágrimas, es información útil. Responder a la pregunta «¿Cómo lograrías que caiga en tus brazos?» con «Haciéndote tropezar» no es tan original como ellos creen. Hay muchas probabilidades de que esa persona sea muy aburrida. Peor aún, si ni siquiera se molestan en llenar su perfil de manera apropiada, tal vez no se comprometan, sean flojos o no estén dispuestos a hacer su parte del trabajo necesario para una relación. Usa una mirada crítica.

Y si al revisar el perfil de alguien ves que dice algo como «La clave para llegar a mi corazón son los tacos», no asumas que bromean. Esa persona pudo haber dicho que la clave para llegar a su corazón es la terapia, la honestidad, valores similares o, literalmente, cualquier otra cosa, pero eligió los tacos.

Piensa que podrías estar preparándote para largas conversaciones sobre quién tiene las mejores carnitas o los totopos más crujientes. Si odias los tacos, ¡piénsalo dos veces! Pero ¿quizá tú también amas los tacos? Los tacos no tienen nada de malo. ¡Vivan los tacos! Lo único que digo es que te prepares para comer muchos tacos, y que le creas a las personas cuando te digan quiénes son.

ESTRESANTE Y ABURRIDO

Las aplicaciones de citas son una herramienta útil en tu viaje romántico. Sin embargo, no son el comienzo y el fin, y la verdad es que pueden ser un terreno brutal. Espera y acepta que habrá montones de rechazos sin explicación. No es algo personal, así que no te lo tomes así. Es más fácil decirlo que hacerlo. Pero si no tienes la resiliencia emocional o el ancho de banda para la incertidumbre, tómate un tiempo para afianzar tus pies en la tierra antes de saltar a las aplicaciones.

Si decides darles la oportunidad, tómalo con seriedad. Dedícales una buena parte de tu tiempo todos los días (o cada tercer día). Envía mensajes considerados. Preséntate y ábrete a nuevas experiencias. Da tu mejor esfuerzo para tener una actitud positiva respecto a la experiencia.

Si te inundan montones de mensajes (bienvenido al club 😉), no te sientas presionado a responder a todas las personas que te contactan. No necesitas que esto se vuelva otro trabajo de tiempo completo que comiences a resentir. Ve por los *matches* a tu ritmo, y no te sientas culpable si no puedes responder a todos.

Por último, las aplicaciones de citas pueden ser adictivas. El tiempo que pasas en ellas te da la misma dosis de dopamina que recibes cuando miras todas las otras redes sociales en tu teléfono. Y el refuerzo intermitente incorporado te mantiene volviendo por más. Es importante tomar descansos. Si no sabes si están teniendo un efecto negativo en tu vida, pausa tu perfil o borra la aplicación de tu teléfono y regresa cuando sientas la inspiración de zambullirte otra vez.

PREPARA TU MENTE

Las citas, especialmente el rechazo inherente a las citas por internet, pueden activar toda clase de vulnerabilidades e inseguridades. Practicar el autocuidado fortalecerá tu resiliencia y te dará las mejores posibilidades de enfrentar la experiencia con la mentalidad correcta. Si sientes hambre, cansancio, agotamiento laboral, ansiedad o tienes resaca, es más probable que te sientas provocado. Integrar algunas de las siguientes prácticas de apoyo a tu rutina diaria o semanal te ayudará a mantenerte equilibrado mientras navegas por las aplicaciones.

Respiración. Inhala lenta y profundamente, llenando tus pulmones por completo, y luego exhala despacio.

Meditación. Aparta un momento del día para meditar y enfócate en sentirte afianzado en el suelo.

Caminatas: Ve a caminar al parque, a una playa o al bosque para conectar con la naturaleza.

Yoga o estiramientos simples. El yoga y los estiramientos son una manera grandiosa de sentirte bien con tu cuerpo, silenciar tu mente y sentirte más centrado.

Escritura. Intenta escribir un diario sobre lo que buscas en el amor. Escribir tus deseos, intenciones y sentimientos puede ayudarte a procesarlos y sentirte más tranquilo y equilibrado.

Ver a tus amigos o familiares. Pasar tiempo con las personas que te apoyan y se preocupan por ti puede ayudarte a sentirte más calmado y conectado.

Dormir. Asegúrate de estar durmiendo lo suficiente todas las noches para fortalecer tu cuerpo y tu mente.

Buena alimentación. Comer una dieta sana (como sea que la definas) puede ayudarte a que te sientas con más energía y más enfocado, lo que puede contribuir a una mayor sensación de calma. Además, nutrirte con comida saludable también te enseña que mereces sentirte bien, y será más probable que busques esa sensación en otras áreas de tu vida.

Descanso de la tecnología. Desconectarte de la tecnología por un rato puede ayudarte a sentirte presente en el momento y a darle intención a tus acciones.

LLÉVALO A LAS CALLES

¿Qué pasaría si te dijera que no tienes que volver a utilizar las aplicaciones? Bueno, los sueños se vuelven realidad: no tienes que hacerlo.

¿No me crees? Lo entiendo. En un segundo, la «cultura» nos dijo que las citas por internet eran la *única* forma realista de conectar con otros solteros, que cada nueva pareja exitosa se conoció en las aplicaciones y que conocer a alguien en persona era imposible.

Antes que nada, eso no es verdad y nunca lo fue. Estudios recientes mostraron que, incluso mientras la popularidad de las aplicaciones iba en aumento hasta convertirse en una industria billonaria, el mismo número de personas seguían conociendo a sus parejas fuera de línea (básicamente es un volado, de acuerdo con el Centro de Investigaciones Pew). Entre mis pacientes y seguidores de TherapyJeff veo cada vez más una creciente reacción contra las aplicaciones, una fatiga con las citas por internet en general y un retorno a una época en donde conocer a alguien lindo en la vida real no era un concepto obsoleto.

Como mencioné de pasada anteriormente en este capítulo, las aplicaciones de citas se guían por datos que a menudo no son tan significativos para predecir la compatibilidad (tales como edad exacta, altura y la apariencia física comunicada a través de fotografías). Los algoritmos también filtran a las personas que podrían ser un buen *match* para nosotros mientras favorecen *matches* potenciales que son (o lucen) como nosotros. Entonces, si te preguntas por qué te aburren las aplicaciones, ¡es posible que solo te estén sirviendo donas de chocolate cuando las de canela podrían ser tu *hit!* Abrirte a personas que podrían estar un poco fuera de tu zona de confort podría brindar el equilibrio o variedad que tus relaciones necesitan. Pero es difícil encontrar a esas personas a través de la doctrina LOS DATOS POR ENCIMA DE TODO de Papá Algoritmo.

En resumen: si las aplicaciones no funcionan para ti, no estás solo y no te quedarás sin opciones. Quizá solo las odias o resientes el hecho de que te obligan a pasar todavía más tiempo aferrado a tu teléfono, o tal vez en el pasado probaste las aplicaciones y no pudiste conectar siquiera con un candidato apropiado. No te preocupes. Muchas personas perfectamente sanas y encantadoras son malas para las aplicaciones (mi coautora se identifica como alérgica a las aplicaciones de citas, y puedo confirmar que es una persona fantástica). Para nada significa que esas mismas personas sean malas para tener citas o relaciones en el mundo real.

Estas son algunas de las cosas que amo totalmente respecto a conocer personas en el mundo real:

- ¡Es retro! Me hace sentir como un chico de los 90.
- La pequeña dosis de dopamina que recibes en medio segundo de validación en las aplicaciones de citas no se compara con la euforia de una conexión real en persona.
- Puedes leer el lenguaje corporal, expresiones faciales y energía de las personas (tan emocionante como informativo).
- No tienes que preocuparte por la precisión de las fotos. ¡Qué alivio!
- Puedes bajar la velocidad y enfocarte en una o dos personas a la vez, en lugar de hacer *match* con docenas (¿cientos?) de personas y manejar conversaciones múltiples.
- Se siente menos peligroso que conocer a un extraño salido de internet.
- Las voces son sexys.

INTROSPECCIÓN DEL RECHAZO

Esta, la etapa más temprana de las citas (la etapa previa a la primera cita), a veces puede sentirse como si llevaras doble turno en la fábrica del rechazo. Cuando los únicos que responden los mensajes lindos que envías en las aplicaciones son los grillos, cuando las conversaciones brillantes de pronto se quedan a oscuras sin explicación, o cuando tus encantadores intentos por iniciar conversaciones casuales con tu cartero reciben miradas vacías, es difícil no desanimarse. Primero, no estás solo. Nos pasa a todos y cada uno de nosotros. Aunque se sienta personal, no deberías tomarlo personal. A todos nos han dicho eso, ¿verdad? ¡Y es más fácil decirlo que hacerlo! Estos son algunos conceptos más que deberías practicar para internalizarlos:

- Atreverte a salir al mundo y abrirte al rechazo es un acto de valentía incuestionable. Cada vez que lo haces, luchas contra un miedo natural y fortaleces tu resiliencia.
- No están rechazando a tu yo real y auténtico. Ni siquiera te conocen, ¿cómo podrían hacerlo? ¡Pasaron cero segundos contigo!
- No quieres estar con alguien que no quiere estar contigo y ni siquiera se toma la molestia de contestar un mensaje. Te están haciendo un favor al eliminarse solos.
- No tienes idea de lo que ocurre en sus vidas. Podrían estar estresados por el trabajo, abrumados por las aplicaciones o interesados en alguien más con quien han hablado por semanas.
- Cada rechazo te acerca más al *match* correcto, lo cual es mortificante pero también muy cierto. Por cada no o cada ausencia de respuesta que recibes, estás un paso más cerca del *sí* que de verdad importa.
- Tu valor personal no es determinado por la percepción que alguien más tiene de ti. Tu valor no disminuye solo porque un extraño no puede verlo.
- El rechazo refleja las preferencias de quien rechaza, no tus insuficiencias. Todos tienen gustos y deseos diferentes en cuanto a una pareja, y eso está bien. Lo mismo aplica para ti.

Dicho todo eso, estos microrrechazos se acumulan y se agravan, de modo que, si de pronto comienzas a reaccionar de forma escandalosa, no te sorprendas. Sé gentil contigo y toma un descanso. Pausa las aplicaciones hasta que hayas reabastecido tu capacidad para manejar todos estos tontos y pequeños rechazos. Si se siguen acumulando y no sabes por qué, muéstrale las conversaciones a un amigo de confianza (o a tu terapeuta. ¡Nos encanta!). Quizá ellos puedan notar algo que tú no.

TODO BIEN, PERO... ¿CÓMO EXACTAMENTE?

Mala noticia: vas a tener que salir de tu casa para conocer personas en el mundo real (aunque a mi coautora le gustaría señalar que su cartero es bastante guapo, así que tal vez no sea obligatorio). Buena noticia: puede ser algo tan simple como ajustar tus expectativas y actitudes respecto a cosas diarias que haces.

Ábrete a la idea de que podrías conectar con alguien durante los encuentros azarosos del día que experimentas. Acepta por completo vivir en una comedia romántica y mira cómo eso cambia tu comportamiento mientras tu día avanza. No quiero inclinarme demasiado hacia la positividad tóxica, pero de verdad nunca sabes cuándo podrías encontrarte con la persona adecuada para ti.

Presta atención a las personas que miran en tu dirección. ¿Fijan su mirada en la tuya por dos o tres segundos? Ese es un indicador sólido de que no se opondrán a una interacción casual. Y no te preocupes por pensar en una frase ligadora graciosa y única. De hecho, no lo hagas, por favor. Solo di «Hola», eso es todo. Comienza con un «Hola» y sigue la conversación a donde vaya. (Nota: *No* aplica lo mismo para las aplicaciones). Si hay una conexión, será fácil conversar. Si no, puedes quitarle penosamente tu correo al cartero de sus firmes y calientes manos, seguir tu camino y sentir orgullo por lo valiente que fuiste. ¡Corre el riesgo, bebé!

Si estás en un bar, club, evento u otro sitio donde en general las personas están más abiertas a un contacto, comienza hablando de cosas relevantes para la situación que sean emocionantes, interesantes y auténticas de acuerdo contigo. ¿Eres fan del basquetbol y estás en un bar deportivo? Habla de que Michael Jordan es el verdadero GOAT[1] y LeBron puede irse al diablo. ¿Estás en una firma de autógrafos y te encantan las novelas románticas? Habla sobre cómo el recurso de la cita falsa ya está gastado. Si todo lo demás falla, menciona lo mucho que te encanta TherapyJeff y todos sus buenos consejos de relaciones. Es una maravillosa forma de iniciar una conversación.

Si la idea de un acercamiento directo hace que te tiemblen las piernas, pide a tus amigos de confianza que te presenten a alguien. A los amigos les encanta presentar a otros amigos: te conocen de forma íntima y han estado esperando por este momento. Y si no se les ocurre nadie en ese preciso instante, pídeles que estén atentos.

¿TENGO QUE UNIRME AL EQUIPO DE FUTBOL?

¿Tal vez? Pero solo si amas el futbol de forma auténtica y real. El punto es que te coloques en lugares donde otras personas hagan aquello que disfrutas o te resulta interesante. Haz un voluntariado, únete a un club de tejido, ve a ver a tus bandas favoritas, apúntate a un club de lectura. Comenzarás a ver a las mismas personas con mayor regularidad conforme sigues saliendo de casa. Así, empezarás a entender quiénes son y quizá sientas una chispa o dos. Lo mejor de conocer a alguien en persona es que puedes hacerlo lentamente. Puedes desarrollar identificación, amistad o una conexión de coqueteo. Puedes desear ver a esa persona, o crear expectación y tensión. La mayoría de estas cosas se pierde en las aplicaciones, lo

[1] Siglas para Greatest Of All Time, «el mejor de todos los tiempos». *(N. del t.).*

cual es una lástima porque muchas de estas pequeñas maneras de formar una conexión crean los cimientos sólidos para una relación.

DESLÍZATE A LOS MENSAJES PRIVADOS...

Ah, la vieja cuestión: deslizarse o no deslizarse. ¿Es algo que haría un bicho raro? Fuera de escribirle de la nada a una persona con la que no has hablado en 15 años (no lo hagas) o de enviar mensajes sexuales a un extraño con quien no has establecido el menor precedente para tal lenguaje (tampoco lo hagas), depende del contexto.

En ciertas situaciones, como cuando estableciste una conexión previa o compartes intereses en común, por lo general está bien iniciar una conversación a través de mensajes privados. ¿Se conocieron en una boda el verano pasado y tuvieron una gran conversación? ¿Los dos son miembros activos de un grupo de fans en Facebook? Adelante, envía un mensaje simple y directo. Sé claro respecto a tus intenciones. Si tienes en la mente ir a una cita, dilo. Si la persona no responde, no lo intentes de nuevo. Si la persona responde que no está interesada, no le vuelvas a escribir. Los mensajes privados pueden ser una gran forma de llegar a conocer a alguien, pero asegúrate de siempre llevar una comunicación abierta y respetuosa.

¡HAZLO DE TODAS LAS MANERAS POSIBLES!

A fin de cuentas, ¿por qué no intentar ambas? ¡Distribuye los huevos en varias canastas! Regístrate en una aplicación de citas, pero establece límites sobre cómo interactuarás en ella. Al mismo tiempo, mantén los ojos abiertos para conexiones en la vida real. El punto aquí es la intencionalidad. Si de verdad quieres encontrar una pareja romántica o, como mínimo, salir a algunas citas divertidas, sigue con ello. Toma descansos cuando lo necesites, sí, pero cuando estés listo para volver a zambullirte, hazlo de forma deliberada. Recuerda aquello que tu verdadero yo identificó como importante en una pareja potencial y lo duro que trabajaste para hacerlo, y no des concesiones. Rétate a involucrarte en el mundo de las citas un paso o dos fuera de tu zona de confort. Acepta la incomodidad. ¡Vas a sobrevivir! Y tendrá sus recompensas.

LA FASE DE LOS MENSAJES

La fase de mensajería, también conocida como la fase de las charlas o de mensajes de texto, comprende ese espacio intermedio después de hacer *match* con alguien por internet o conseguir un número de teléfono en una reunión en el mundo real, pero antes de la primera cita oficial. Quizá hayas superado la fase de las charlas en una aplicación de mensajería instantánea, pero todavía no es hora de verse cara a cara. Es una gran forma de conocer a alguien antes de realizar el esfuerzo de un encuentro en persona, y si pones atención en lo correcto, puedes ahorrar mucho tiempo a largo plazo. Pero no querrás quedarte atorado en el purgatorio de los mensajes por mucho tiempo.

ENTRA EN CONTACTO

Tal vez ya conozcas la etiqueta para el contacto inicial o ya sepas cómo aumentar tus probabilidades de recibir una respuesta; pero, en caso de que necesites un recordatorio, si es la primera vez que exploras el mundo de las citas o si te habías tomado un largo descanso, esto te preparará:

¿Te gusta alguien? Envíale un cumplido. No solo le des *me gusta* a su foto, ¡dile por qué piensas que se ve tan bien! O, mejor aún, halaga algo en su perfil que no tenga nada que ver con su apariencia y todo que ver con quién es auténticamente. Halaga su gran gusto por la música alternativa de los 90. Dile lo mucho que te impresiona su colección de camisas de franela. Básicamente, encuentra algo que parezca importarle y que a ti también te resulte interesante, y dile que te parece maravilloso que les importe y que te gustaría saber más.

Para comenzar una conversación, inclínate hacia el coqueteo. No solo digas «Hola» y esperes que hagan todo el trabajo. Establece una buena charla provocativa. No necesitas realizar un interrogatorio de inmediato y, por favor, nada de jueguitos. No hace falta que esperes cierta cantidad de tiempo para responder, solo responde cuando puedas. No olvides hacer preguntas de respuesta abierta, así como preguntas de seguimiento. Procura usar el humor para que todo se mantenga ligero y divertido.

Una vez que logres un ir y venir de respuestas, sé tan directo como quieras. Consulta tu lista de necesidades y motivos de ruptura, y menciona algunos. O ve de lleno a sabiendas de que puede resultar un poco abrumador. Un gran punto a favor de la evolución de los mensajes dentro de las aplicaciones de citas es que ahora es socialmente aceptable ser franco y directo, así que asegúrate de hacer las preguntas importantes antes de comenzar a formar cualquier tipo de apego real.

Si sientes que no recibes un intercambio equilibrado de energía o preguntas de su parte, puede ser señal de que no tiene mucho interés. Cuando esto pasa, es muy fácil pensar: «¡¿Qué hay de malo en mí?!».

¡Nada! De hecho, tener que hacer todo el esfuerzo para que la conversación avance en esta etapa inicial es una *red flag* útil, porque lo más probable es que este comportamiento continúe en las primeras citas, y al inicio de la relación, y después de casarse, y cuando ya sean viejos. Y cuando estés en tu lecho de muerte, pensarás: «¿En algún momento me vas a preguntar cómo estuvo mi día?». Pero ya será demasiado tarde. Qué triste.

Además, si a veces evita darte su atención y solo te responde o muestra interés de manera irregular, entonces estás experimentando un refuerzo intermitente. Este puede ser un ejemplo de comportamiento manipulador, diseñado para retener tu interés y volverte adicto a las migajitas de atención que la persona te reparte. Profundizaremos más en esto cuando hablemos sobre *red flags* en el capítulo seis, pero por ahora elimina el *match* y sigue tu camino.

PATRULLA DE BICHOS RAROS

La fase de mensajeo es el momento perfecto para comenzar a descartar a los bichos raros. Sin embargo, algunas personas simplemente son malas para mensajear. No necesariamente son bichos raros y puede que solo les causes demasiada emoción o no sepan relajarse en línea. Escucha tu intuición. Busca pistas que puedan indicar conductas que entren en conflicto con tus listas. Si las cosas se sienten extrañas por cualquier razón, respeta ese sentimiento y avanza con cuidado. Sin embargo, estas son algunas señales que indican si la persona con la que hablas podría ser un bicho raro:

- Te piden información personal demasiado rápido. Si alguien es insistente respecto a tu historial sexual o te pide repetidamente tu teléfono o dirección desde el inicio o en cualquier momento antes de que te sientas con la confianza de compartirlo, puede que debas cuestionar por qué son tan insistentes. ¡Interpreten la vibra, bichos raros!
- Son esquivos y nunca dan una respuesta clara. Una cosa es ser un poco tímido y juguetón, pero no contestar nunca a una pregunta directa es otra cosa. ¿Ocultan algo? ¿No son quienes dicen

ser? No necesariamente, pero es mejor ser precavido. ¡Confiesen, bichos raros!

- Envían mensajes sexuales demasiado pronto. Incluso si eres claro en tu perfil sobre estar en busca de algo casual o una conexión a corto plazo, las *nudes* no solicitadas o los mensajes explícitos antes de que se establezca la vibra apropiada puede ser una *red flag* muy importante. ¡Guárdenlo en sus pantalones, bichos raros!
- Te hacen *love bombing*. Si todo se basa en grandes sentimientos y atención constante en la imparable fábrica de halagos, tal vez estén manipulando tus emociones con este bombardeo abrumador para crear dependencia y ejercer poder. Como mínimo, una rápida escalada, halagos excesivos y falta de límites pueden llevar a una dinámica desequilibrada y dañina en una relación. ¡Tranquilícense, bichos raros!
- Comienzan a decirte insultos disfrazados de halagos. Esta es una técnica de manipulación que tiene el fin de socavar tu confianza y autoestima para ganar afecto. Se trata de dar halagos ambiguos o insultos leves con la esperanza de que comiences a ansiar atención positiva. Es abusivo y asqueroso. ¡Mejoren, bichos raros!
- Son insistentes, agresivos y no respetan tus límites. Si no pueden ser amables por mensaje, es poco probable que lo sean cuando los conozcas en persona. ¡Relájense, bichos raros!

SIGUE TU CAMINO

Si estás conversando con alguien y no parece tener interés, quizá solo se desvanezca y deje de responder. Entiende que, si bien puede doler y ser desconcertante, este es un comportamiento típico de las citas hoy en día y, honestamente, no hay nada que podamos hacer al respecto. De verdad, no tiene que ver contigo, así que no lo pienses demasiado. Y no le envíes un mensaje desagradable al respecto. Te doy permiso de tratar de contactar una última vez con un casual «Hola, ¿cómo va tu día?», pero te recomiendo encarecidamente que lo dejes así.

Es completamente normal que alguien cambie de parecer sin darte una explicación. No te deben nada. Esto puede ser horrible, pero funciona para ambas partes. No obstante, si sientes que debes decirle a alguien que no te interesa de forma directa y sin juzgar, te aliento a que lo hagas. ¡Sé el cambio que deseas ver en el mundo!

Después de congeniar y hacer lo mejor posible para confirmar que ninguno de los involucrados es un bicho raro, lleva las cosas al siguiente nivel lo antes posible. Pide una llamada telefónica o videollamada, o avanza directo a un encuentro en persona (en lo cual profundizaremos en el siguiente capítulo). Pero cuando alguien diga que quiere mantener las cosas en lo digital un poco más de tiempo, respétalo. No trates de llevar las cosas más rápido de lo que tu *match* quiere. La persona que quiere avanzar más lento es quien determina el ritmo.

Cuando todos estén listos y de acuerdo, es hora de la mundialmente famosa primera cita. Pero antes reflexiona sobre tu experiencia en una de las partes más intimidantes de las citas: conocer realmente a alguien.

La persona que quiere avanzar más lento es quien determina el ritmo.

1. ¿Ya le dedicaste algo de tiempo a las aplicaciones? ¿Qué funcionó bien y qué no?
2. Si te dices a ti mismo que «las aplicaciones no funcionan», ¿de verdad interactúas en ellas? ¿Podrías expandir tus criterios y ver más allá de tu «tipo» típico, o manipular el algoritmo intentando ser más activo por un tiempo?

3. ¿Te sientes tentado a esconder o tergiversar información clave en las aplicaciones de citas? ¿Qué y por qué?
4. Decide cuánto tiempo dedicarás a las aplicaciones de citas por día o semana. Anótalo y apégate a ello.
5. Comprueba cómo te sientes cuando interactúas en las aplicaciones de citas. ¿Cómo te sientes, ansioso, emocionado, aburrido?
6. Incluso si no tienes intención de usar aplicaciones de citas, pasa un par de minutos escribiendo una descripción con las plantillas de este capítulo. Es un ejercicio útil para acercarte más a lo que buscas.
7. ¿La idea de acercarte a un desconocido en el mundo real te emociona o te horroriza?
8. ¿Ya hay alguien en tu vida a quien quieras invitar a salir? ¿Qué te detiene?
9. Incluso si planeas utilizar las aplicaciones, escribe algunas líneas de apertura con las que te sientas cómodo para iniciar conversaciones, especialmente si se las dices a alguien desconocido en la vida real. Piensa en algo que te gustaría que te preguntaran.
10. ¿Puedes recordar alguna ocasión en la que viste a alguien en el mundo real con quien quisiste coquetear o, al menos, platicar un rato, pero no lo hiciste? ¿Qué te detuvo? ¿Qué te gustaría haber dicho?
11. ¿La idea de las conversaciones provocadoras o el coqueteo (*flirteo*, para los que saben) te asusta? ¿Por qué crees que sea así?
12. ¿A menudo te atoras en la fase de los mensajes? ¿Qué evita que lleves las cosas al siguiente nivel?

CAPÍTULO **CINCO**

LA PRIMERA CITA

(PASAR DE TINDER AL TEMOR Y AL TRIUNFO)

Una vez que hayas agotado la fase de los mensajes, es hora de apartarte con elegancia o formar parte de una tradición honrada por el tiempo, pero igualmente calumniada: la primera cita.

Bien, a mí me encantan las primeras citas: los nervios, los saludos incómodos, las posibilidades infinitas, la esperanza, la emoción, e incluso la desilusión de un momento decepcionante... las primeras citas logran reunir una multitud de experiencias humanas en un instante. Y, por supuesto, no nos olvidemos de las conversaciones grupales —desde lo anormal hasta lo hilarante— que incluso las primeras citas más desagradables pueden proporcionar.

Ya sea que las ames o las sufras, lamento reportar que los científicos todavía no descubren una alternativa a la primera cita (me han dicho que estamos, por lo menos, a 35 años de distancia de esta tecnología). Pero no temas. A lo largo de más de dos décadas, mis pacientes y yo hemos diseccionado y evaluado miles de primeras citas y, si bien cada historia es única y maravillosa a su manera, surgió un patrón instructivo. ¿Cuáles son los elementos más importantes de una primera cita? ¿En qué cosas sin importancia nos enfocamos? ¡Averigüémoslo!

En este capítulo, viajaremos por los sí y los no de las primeras citas. Sí, pueden ser de lo peor, pero con las herramientas adecuadas, puedes facilitarte las cosas muchísimo. Cuando el capítulo termine, habrás desarrollado una estrategia personalizada y replicable para brillar en las primeras citas, manteniéndote fiel a quién eres y lo que quieres, mientras evalúas si la persona frente a ti merece una segunda cita.

TU MAPA DE LA PRIMERA CITA

Paso uno: pon los pies en la tierra revisando tus listas

Antes de tu cita, invierte unos minutos para leer las listas que creaste en el capítulo tres, para que todo aquello que quieres y necesitas (o no) esté fresco en tu memoria. Durante la cita, es absolutamente normal que los nervios y la emoción dificulten ver la situación a través de un lente lógico, pero si acabas de repasar todo lo que importa, esa información útil estará a la orden en tu cerebro.

Pregúntate: «¿Alguna de nuestras interacciones antes de la cita activó mi sentido arácnido o mi intuición, o chocó con algún elemento de mis listas? ¿Hay algún elemento de mis listas al que quiera prestarle todavía más atención?».

Por ejemplo, alguien empático con humanos y animales es una prioridad en mi lista de no negociables. Si la persona con la que voy a salir hizo un chiste sobre gatos callejeros que no me hizo gracia durante la fase de los mensajes, tal vez durante la cita quiera averiguar un poco más sobre su sentir respecto a los animales.

Haz esto la noche previa, para que no se pierda en el nerviosismo de ese día.

Paso dos: date impulso

Si bien el trabajo de la primera cita es determinar si se justifica una segunda, tu único trabajo es ser tú mismo sin pedir disculpas.

Mantenerte auténtico sobre quién eres y lo que necesitas siempre es importante, pero mostrar tu verdadero yo en la primera cita también resulta increíblemente difícil. Es natural querer impresionar a la persona sentada frente a ti. Siempre queremos presumir lo mejor de nosotros en las citas, y eso no tiene nada de malo. Pero esfuérzate lo más que puedas por reprimir cualquier instinto de tergiversar tu ser antes de que te aleje de lo que eres. No queremos que la otra persona se enamore de alguien que en realidad no existe. Mantener una farsa —incluso si consideras que no importa porque se aproxima demasiado a la verdad— es agotador. El hecho es que somos más atractivos cuando nos sintonizamos con nuestra autenticidad.

¡Ten en mente eso! Antes de salir al encuentro con tu cita, pasa unos minutos recordándote cuán maravilloso eres. No necesitas fingir *nada* para impresionar a *nadie*. No hay nadie como tú, y eres el maldito amo. No tiene por qué ser más complicado que eso, pero siéntete libre de ser tan específico y reafirmante como gustes.

Si sientes que estás fingiendo, toma un descanso. Inhala profundo un par de veces y planta tus pies de vuelta en el piso. Incluso un viaje rápido al baño para echarte un poco de agua fría en las muñecas puede ayudarte a interrumpir la ansiedad que intenta obligarte a que te deformes en algo que no eres.

Paso tres: tira tus expectativas a la basura

¿De modo que el intercambio de mensajes estuvo en llamas? ¡Me encanta ver eso! Pero no tienes idea de si las chispas virtuales se volverán reales cuando haya contacto visual real.

Una actitud optimista servirá de mucho (prácticamente en todas las situaciones), pero en una primera cita, es más importante mantener los pies en la tierra y entrar en modo recolector de información. Debes ir a una primera cita como irías a una exposición de arte: sé objetivo y asimílalo todo. Esa pintura podría verse increíble, pero ¿de verdad se vería bien en tu pared? Tómate el tiempo —antes, durante y después— de estar en contacto con todas las sensaciones diferentes que percibes para que no te dejes llevar por el momento.

Sal de tu cabeza, donde viven las expectativas, y entra en tu cuerpo, donde puedes estar en contacto con tus reacciones durante el tiempo que inviertes en convivir con la otra persona.

¿Puedes saber en los primeros cinco minutos si este casi total extraño será un buen *match*? Quizá. ¿Podrías equivocarte? Es posible.

Presta atención a lo que sientes cuando ves por primera vez a tu cita. Si lo que sientes está en el *continuum* de la indiferencia y la repulsión, presta atención. Almacena esa información para después, pero intenta mantenerte abierto a un cambio potencial en la vibra conforme avanza la cita. Los primeros cinco minutos de una primera cita son famosos por la incomodidad, así que trata de no juzgar tan pronto. ¿Te gustaría que un completo extraño te juzgara con esa rapidez en una situación de tanta presión? ¡Lo dudo!

Paso cuatro: no te tomes personal nada de lo que ocurra

¡Esa persona desconocida no sabe nada de ti, y tú no sabes nada de ella! Incluso cuando estás afianzado en tu versión más auténtica, todo lo que sucede en una primera cita es, en cierto grado, una proyección.

Ambos se están esforzando por ser dulces, graciosos y adorables mientras se proyectan uno sobre el otro (asco). El hecho de que tu cita mencione que le gustaría pasar un día en la playa no significa necesariamente que comparta tu meta de vida de retirarte a una isla remota cerca de las costas de Maine.

En las primeras citas hay un elemento de fantasía y otro de artificialidad, lo cual está bien. Para eso son las primeras citas, ya que apenas comienzan a conocerse.

Diviértete, pero si algo sale mal o la cita es un desastre, sé consciente de que no tiene nada que ver contigo, sino con la fantasía proyectada sobre ti. No tienes control sobre eso, y no debes tomártelo personal.

Paso cinco: decide si quieres ver de nuevo a esa persona

Una primera cita solo tiene un trabajo: ayudarte a averiguar si quieres una segunda. Si te la pasas como nunca en una primera cita, es un buen extra. Sin embargo, para algunos de nosotros, una primera cita es algo que soportamos de camino a citas futuras mucho más ilustrativas y encantadoras.

Quítate algo de presión decidiendo, incluso antes de que empiece la primera cita, que, a menos que ocurra una catástrofe, estarás abierto a una segunda cita.

¡Las primeras citas son extrañas! Las segundas citas son mucho menos extrañas, y te permiten asentarte y tener una mejor idea del tipo de persona con la que estás hablando.

Si un motivo de ruptura obvio se presenta solo, es justo eso: un motivo de ruptura. No pierdas tu tiempo. Hazle saber de manera amable a tu cita que no sientes una conexión romántica.

De lo contrario, prepárate para una segunda cita en la que podrás hacerte una mejor idea de cómo es esa persona.

¿ME GUSTA? VERSUS ¿LE GUSTO?

Es parte de la naturaleza humana querer gustarle a tu cita. Pero cuando solo te enfocas en gustar, probablemente olvides preguntarte cómo te sientes. Obsesionarte pensando si le gustas o no a tu cita puede hacer que sientas confusión debido a que estabas demasiado distraído como para recolectar la información que necesitas para responder a la pregunta de la segunda cita. Si eso te resulta familiar, intenta acudir a las primeras citas consciente de este patrón, suelta los pensamientos ansiosos o inseguros que surjan y esfuérzate por estar presente en el momento.

¿ADÓNDE DEBERÍAS IR?

A donde sea que te sientas cómodo. Ve a donde sientas que puedes ser tú mismo. Ve a donde se te dé la gana. Si tu cita te delega la responsabilidad de elegir el lugar, aprovecha esa ventaja y sugiere uno de tus lugares favoritos, donde sepas que la pasarás bien. Si de verdad no te importa o no quieres llevar la carga de la decisión, pídele que te dé tres opciones y elige la que sientas mejor para ti.

Estas son algunas opciones clásicas para primeras citas que puedes considerar:

- **¡Un bar!** No es un misterio por qué se considera al alcohol un lubricante social. Además, usualmente los bares tienen luces tenues y ambientes coquetos. Pueden ser una gran opción para una primera cita, incluso si no bebes. Antes de sugerir un bar, revisa el menú para ver si tienen buenas opciones de cocteles sin alcohol. No beber es *cool*, y no querrás que tu cita o tú tengan que conformarse con una aburrida agua mineral. Si piensas beber, decide antes de salir cuántos tragos beberás.
- **¡Una cafetería!** El café y el té son opciones fantásticas porque no es raro si una cita en una cafetería dura 45 minutos, pero tampoco se descarta que dure dos horas. Te da la oportunidad para ser rápido *o* tomarte tu tiempo. (Considera ordenar un descafeinado para no acelerar tu ansiedad).

- **¡Una caminata!** Caminar, conversar y coquetear al mismo tiempo son demasiadas actividades para algunos de nosotros, pero puede ser lo ideal para ti. Mirarse fijamente el uno al otro a través de una mesa puede ser superintenso. Mirar hacia adelante mientras aumentan su conteo de pasos puede ser justo lo que necesitan para que todo se sienta sencillo y casual.
- **¡Una actividad entretenida!** Si le temes a las conversaciones forzadas y a los silencios incómodos, hacer algo divertido que involucre interacción puede relajar tus nervios. Ve a un minigolf, a pintar alfarería o visita un museo para tener una primera cita con buenos iniciadores de conversación.

No tengas una cita maratónica. Si una primera cita va bien, es tentador prolongarla durante horas, pero nunca es mala idea irse cuando ambos quieren más. Esto crea una anticipación divertida para una segunda cita y te da espacio para reflexionar sobre la conexión.

AMOR EN LAS ROCAS

Antes de la primera cita, es bueno que reflexiones respecto al alcohol (y otras sustancias).

Sí, compartir uno o dos tragos puede ayudar a que la conversación fluya. Y quizá seas un bebedor en busca de su eterna bebedora, pero el alcohol también es muy famoso por bloquear el buen juicio y llevar a malentendidos. Este es un extra a la bien documentada lista de problemas potenciales de dependencia debido al abuso.

Decide por adelantado lo que te parece bien, tanto para ti como para tu potencial pareja, y apégate a tus límites. Habla sobre el uso de sustancias de forma abierta con tu cita, y respeten la postura del otro.

En última instancia, el papel que desempeña el alcohol en tus citas depende de ti. Yo sugiero el enfoque consciente de prestar atención a la forma en que el uso de cualquier sustancia te afecta a ti o a tu cita. Y si notas consecuencias negativas (desde vergüenza posterior a la cita hasta gastos excesivos en taxis), pregúntate si vale la pena quitarlo de las opciones en citas futuras.

Por último, si eliges beber un poquito de más, no te juzgo, pero asegúrate de darle prioridad a la seguridad y al consentimiento siempre.

¡¿Y SI ME PONGO NERVIOSO?!

Es completamente normal sentir nervios. Permítete sentirlos; te relajarás conforme la cita avance. En el raro caso de que eso no ocurra, también está bien. Intenta permitirle ser a tus nervios. Entre más te enfoques en lo nervioso que te sientes, más poder le darás a esa sensación. Estas son algunas técnicas probadas que me han funcionado a mí y a mis pacientes para calmar los nervios de la primera cita:

- **Respira.** Inhala profundamente tres veces y siente cómo tu abdomen sube y baja mientras lo haces. Proveer más oxígeno a tu cerebro ayuda a que tu cuerpo se relaje y se regule a sí mismo.
- **Coloca una bebida fría en tu palma o tu muñeca.** Deja que el vaso enfríe tu cuerpo. Los nervios tienden a hacer que suba nuestra temperatura, y contrarrestar eso te ayudará a sentirte menos abrumado.
- **Prepárate por adelantado.** Prepara algunas preguntas (ver la siguiente sección). Eso te evitará la presión de tener que pensar en el momento.
- **Que el silencio no te altere.** Esto puede ser difícil, pero no siempre tienes que llenar el silencio con plática. Te estás presionando demasiado en ser entretenido. Permite que tu pareja llene el

silencio o permite que lo haya. Puede que no sea cómodo, pero no te hará daño.

- **¡Confiesa!** Dile a tu cita que estás nervioso. El solo hecho de verbalizar tus sentimientos puede darte un alivio impactante. Y también le da a tu cita la oportunidad de expresar su experiencia vulnerable. Si los dos están nerviosos, no será tan atemorizante.
- **Tómate una pausa rápida.** Ve al baño o sal un rato. A veces los nervios son tan molestos que tienes que alejarte por un segundo. Quizá necesitas un poco de aire fresco.

¿DE QUÉ HABLAR?

De lo que sea. No importa. Comienza con «¿Cómo estuvo tu día?» y parte de ahí. Practica la escucha activa, sé curioso respecto a lo que tu cita dice y reflexiona respecto a lo que escuchas. Haz preguntas de seguimiento abiertas para comenzar a entender mejor quién es.

No hace falta tener las conversaciones más interesantes y profundas del mundo en la primera cita, pero si necesitas un poco de inspiración, estas son mis preguntas reveladoras favoritas para una primera cita. Escoge las que resuenen con lo que es importante para ti (¡consulta tus listas!):

- **¿Cuál es la experiencia más interesante o memorable que hayas tenido en un viaje?** Esto puede revelar su sentido de aventura y cómo se adapta a nuevos ambientes, si es que te interesa ese tipo de cosas. En lo personal, me interesan más todas las formas diferentes en que pueden acomodarse en un sillón.
- **¿Qué te apasiona más?** Esta pregunta te ayuda a entender lo que de verdad le emociona a tu cita, sus prioridades e intereses, o la falta de ellos, lo que en sí mismo puede ser una *red flag*.

- **¿Cómo te gusta pasar tus fines de semana?** Esto te permite saber cuáles son sus pasatiempos y cómo se desestresa. También puede revelar intereses en común. Además, necesitas saber si los domingos son dominados por el futbol, lo cual es un pro o contra dependiendo de cómo te sientas al respecto (¡Vamos, Delfines!).
- **¿Qué hay en tu lista de deseos?** Preguntar sobre sus sueños y aspiraciones puede ayudarte a entender sus ambiciones y metas a largo plazo.
- **¿Quién es la persona que más ha influido en tu vida y por qué?** Esta pregunta puede revelar sus valores, así como el tipo de persona que admira y respeta.
- **¿Qué libro, película o serie ha tenido el mayor impacto en ti?** Esto puede ayudarte a entender su gusto respecto al entretenimiento, el tipo de historias que resuenan con esta persona y, más importante, con qué serie se van a dormir por las noches. En lo personal soy del tipo *New Girl*.
- **Si pudieras tener una cena con cualquier persona famosa o figura histórica, ¿con quién sería y por qué?** Esta pregunta puede revelar sus intereses en cuanto a historia, política o cultura pop, así como su curiosidad respecto a la comida favorita de TherapyJeff (son los sándwiches de carne molida).
- **¿Qué es lo que más te gusta de tu trabajo?** Esto te permite aprender más sobre su vida profesional, y de lo que le resulta satisfactorio y gratificante. Además, si son del tipo «Okey, pequeño capitalista clasista, la cita se terminó», es alguien con quien no debes quedarte.
- **¿Cómo te mantienes activo o llevas un estilo de vida saludable?** Esto puede darte información sobre sus hábitos de ejercicio, pasatiempos y actitud general respecto a la salud y el bienestar, si

eso es importante para ti. También es una pregunta un poco capacitista[1] y privilegiada, así que pregunta con conciencia.

- **¿Qué fue lo último que te hizo reír a carcajadas?** Esta pregunta puede ayudarte a entender su sentido del humor, lo que le causa alegría y los memes que le resultan importantes.
- **¿Cuál es tu recuerdo de la infancia favorito?** Esto puede darte un vistazo sobre su crianza, su dinámica familiar y las experiencias que lo moldearon, así como una muestra de los traumas no resueltos que podrían manifestarse en una relación futura. ¡Diversión refrescante!
- **¿Cuáles son las cualidades que más valoras en un amigo?** Esto puede revelar sus prioridades en las relaciones, así como lo que consideran importante en conexiones cercanas.
- **Si pudieras viajar en el tiempo a cualquier periodo, ¿a qué época y lugar irías?** Esta pregunta puede ayudarte a entender su curiosidad sobre la historia, sus intereses y su propio pasado ancestral. Además, si no dice «A Seattle en los noventa» —porque ese fue el punto más alto de la cultura—, ¿qué le pasa?
- **Si solo pudieras escuchar un género de música por el resto de tu vida, ¿cuál sería?** Este es un giro divertido a la pregunta «¿Cuál es tu banda favorita?», con el cual puedes descubrir preferencias compartidas (obvio, regresa a la pregunta anterior para tener pistas de la respuesta correcta).
- **¿Tienes algún hábito inusual o peculiar?** Esto puede mostrarte cómo se ven a sí mismos y tendrás un vistazo de las características únicas que los hacen ser quienes son.

No hagas preguntas para las que no estés preparado para responder tú mismo. ¡Eso sería injusto! Y respecto a lo que *tú* elijas compartir,

[1] Se refiere a la discriminación o prejuicio cultural, generalmente inconsciente, hacia las personas con capacidades diferentes. *(N. del t.).*

inclínate hacia no compartir en exceso. Una insinuación de vulnerabilidad es atractiva, pero contar todos los detalles de tus traumas no luce muy bien. Si las cosas funcionan, tendrás la oportunidad de contarlo todo respecto a tu pasado. No hace falta abrumar a alguien la primera vez que se conocen.

SALIR DE UNA MALA PRIMERA CITA

Si le diste más de cinco minutos y de todos modos no salió bien, y además sabes con toda certeza que esto nunca funcionará. Tienes tres opciones:

1. La honestidad
2. Pensar en una excusa para irte
3. Aguantar

Tal vez no te sorprenda averiguar que recomiendo la opción tres. ¿Qué pasaría si te recordaras soltar tus expectativas y te enfocaras en pasar un buen rato con esta persona por la que hiciste el esfuerzo de ponerte un atuendo impresionante y salir de casa? Es buena práctica. Entre más desarrolles ese plano de las primeras citas, ejercites tus habilidades de conversación y entrenes tus músculos de evaluación de citas, estas se volverán más fáciles y cómodas. Aguanta, y ve lo que ocurre. En el peor de los casos, podrías estar haciendo un nuevo amigo.

A veces simplemente sabes que una persona no es para ti, ya sea de forma romántica o de cualquier otro modo. Intenta ser honesto sin ser cruel: solo dile que no sientes la conexión y que te gustaría terminar la cita. Te alegrará tomar la ruta directa.

Por último, no tienes la más mínima obligación de quedarte en la cita, en especial si sientes extrañeza, incomodidad o incluso un poco de inseguridad. En primer lugar, siempre asegúrate de que alguien confiable sepa dónde estás. En segundo, si estás en una situación que no te da seguridad, no necesitas una excusa para irte. Finge ir al baño y sal por la puerta trasera (y no dudes ni por un segundo en pedir ayuda a algún trabajador del establecimiento o a un desconocido si percibes algún peligro).

SALIR DE UNA PRIMERA CITA BUENA O GRANDIOSA

No acuerdes una segunda cita si no estás convencido. Dile a tu cita que le enviarás un mensaje al respecto. Es muy tentador terminar una cita con «Me encantaría verte de nuevo», incluso si no es en serio. Eres una persona gentil y no quieres herir los sentimientos de nadie, lo entiendo. Pero cuando estás del otro lado de la ecuación, ¡es horrible! En vez de eso di «¡Gracias por salir conmigo! Te envío un mensaje más tarde», y hazlo, envía ese mensaje.

Si te la pasaste de maravilla, enviar ese mensaje ese mismo día o por la noche es algo dulce. No es extraño ni «excesivo». A todos les encanta recibir un mensaje de seguimiento rápido. Sé audaz y dile que te la pasaste bien y que esperas que haya llegado bien a casa.

Pero no seas insistente al final de la cita o en los días u horas siguientes. Si percibes indecisión de su parte, no lo fuerces. Ser insistente no es sexy.

¿BESAR O NO BESAR?

Ni siquiera te preocupes por los besos en la primera cita. Si ocurre porque se siente correcto y todas las estrellas se alinearon al final de la cita, maravilloso. Pero pensar en si ocurrirá o no un beso o cualquier otro tipo de intimidad física es pura distracción. Guarda el primer beso para una buena segunda cita y evítate la molestia de preocuparte por ello.

REPORTE TRAS LA CITA

Crear intimidad real requiere tiempo. No digo que sea imposible crear una conexión fuerte en la primera cita, pero sí que es improbable. Conforme te relajes luego de una primera cita, es importante recordar que la intensidad no significa intimidad.

Formar una conexión intensa —caracterizada por una alta estimulación emocional que puede resultar divertida, excitante o abrumadora— en una primera cita no es inusual. Podría ser una buena o mala señal. Quizá sea una chispa genuina o quizá sea el alcohol, la ansiedad, el alivio, la emoción por salir de casa u otros factores. Todavía no lo sabemos, y van a tener que convivir más para averiguarlo. De cualquier forma, la verdadera intimidad, una relación en la cual las versiones más auténticas de todos los involucrados reciben apoyo, lleva tiempo.

Forma el hábito de destinar un tiempo para comprobar cómo estás después de una primera cita. Esto se volverá más fácil con el tiempo, conforme practiques estar tan presente y consciente como puedas en tus citas. Cuando llegues a casa, pregúntate lo siguiente para entender mejor cómo resultó y ayudarte a re-

La intensidad no significa intimidad.

solver la importante cuestión de una segunda cita si todavía tienes dudas:

1. ¿Cuáles son tus impresiones generales respecto a la cita? ¿Cuál fue la vibra?
2. ¿Tu intuición intentó decirte algo durante o después de la cita? En caso afirmativo, ¿qué fue?
3. ¿Algo que ocurrió durante la cita detonó tus defensas (¡momento de revisar las listas!) o te generó sentimientos negativos?
4. ¿Cómo se sintió tu cuerpo mientras estabas en la cita? ¿Cómo te sientes ahora que terminó?
5. ¿Fue sencillo platicar con esa persona?, ¿descubriste algún interés compartido?, ¿la conversación fluyó?
6. ¿Te reíste? ¿Te divertiste?
7. ¿Sentiste comodidad (con el paso del tiempo)?
8. ¿Hubo química física (está bien si no la hubo)? ¿Te imaginas besando a esa persona (está bien si aún no)?
9. ¿Fue amable contigo y con todas las personas que encontraron?
10. ¿Te recuerda a alguna expareja? ¿Eso es bueno o malo?
11. ¿Qué tan auténtico pudiste ser? ¿Hubo barreras para mostrar tu ser más verdadero?, ¿puedes identificar cuáles fueron?
12. Y la reina de todas las preguntas sobre la primera cita: ¿quieres volver a ver a esa persona?

CAPÍTULO **SEIS**

LA ETAPA «EY, MIRA CUÁN NORMAL SOY»

(NOP. AQUÍ NO HAY NADA RARO QUE VER)

Las primeras citas reciben toda la atención. Como lo hablamos en el capítulo cinco, te prometen una infinidad de posibilidades y generan todo tipo de ansiedades muy específicas. Pero ¿qué hay de la segunda cita en adelante? ¿Qué pasa con esa etapa nebulosa, de ensueño, que hace que te muerdas las uñas, entre la primera cita y el momento «DIOS MÍO, ESTO ES UNA RELACIÓN»? Ahí es donde comienza la verdadera diversión (y el verdadero trabajo).

La cantidad de tiempo que las parejas pasan en esta etapa varía demasiado. Mucho de ello depende de lo bien que toleres la ambigüedad. Mis pacientes y yo pasamos mucho tiempo trabajando en formas de lidiar con la ansiedad que puede generar este tipo específico de incertidumbre.

La mejor forma de evitar que la ansiedad se apodere de ti es enfocarte en todos los otros aspectos de tu plena y enriquecedora vida más allá de las citas. Este es un buen momento para recordarte que ninguna persona, ni siquiera la pareja más perfecta para tu verdadero ser, puede cumplir todas y cada una de tus necesidades. ¡Ni tendrían por qué! Entonces, pasa tiempo con tus amigos, ve a ver espectáculos, haz algo creativo. Crea una cuenta de TikTok, vuélvete famoso en internet, peléate en la red con los gigantes de la terapia, consigue millones de seguidores, comienza un pódcast sobre consejos de relaciones. Escribe un libro... ya sabes, esas cosas normales que TODOS hacemos en nuestro tiempo libre.

En conclusión: quédate en esta fase, previa a una relación, todo el tiempo que necesites. Podrían ser tres, diez o veinte citas. No hay una forma correcta de abordar las citas en esta etapa inicial, pero en este capítulo presentaré algunas consideraciones importantes para tu estadía a corto plazo en esta área gris. Ponte cómodo.

LOS PRIMEROS DÍAS

Es el mundo tras una primera cita, ¡y estás viviendo en él! Hay muchos besos por desear durante los siguientes días, bebé (si eso es lo que te gusta, y desde luego, también está perfecto que te guste algo diferente).

¿Qué es lo mejor de los primeros días? Que no tienes apego. Estás construyendo apego —sí, ese es el punto—, pero todavía no estás suuuperapegado.

Si en la cuarta cita tu nueva pareja potencial hace la terrible confesión de que Joe Rogan[1] es su «espíritu guía», o que «no cree en la terapia» (EL HORROR), puedes seguir tu camino sin muchas consecuencias emocionales.

Aquí es donde debes tener mucho criterio. El problema es que esta es la etapa donde todos tienen sus mejores comportamientos. Tienes que jugar al detective. Básicamente serás la Veronica Mars de las citas iniciales, o Jake Peralta, para quienes nacieron en este siglo.

---

[1] Joe Rogan es un comediante estadounidense cuyo pódcast es controversial por abordar temas como la identidad de género desde la extrema derecha.

> Oh, Dios mío, vaya que somos un par de personas superseguras con vidas bien ajustadas y perfectamente equilibradas. Me encantaría pasar tiempo contigo, pero también estoy bien si no paso tiempo contigo, a menos, claro, que tú quieras pasar tiempo conmigo porque de cualquier forma soy increíblemente zen y me dejo fluir. Si va a pasar, pasará. Como sea, ni siquiera me importa. Por cierto, siempre reacciono de manera muy normal a todo. El drama es tan repelente. Nunca sería así. Algo que deberías saber de mí es que soy positivo todo el tiempo y tengo buenas perspectivas de la vida. A menos que algo esté muy muy mal y necesitemos enojarnos y marchar por las calles, cosa que haré mientras también luzco absolutamente arrebatador. No, no, estas no son picaduras de insectos ni una quemadura solar de segundo grado. Es solo que estoy TAN FELIZ de estar aquí que mi piel está expresando su felicidad.
>
> Atentamente, toda persona en una tercera cita
> en la historia del universo.

La meta de las citas iniciales (más allá de divertirte, lo cual, por cierto, ¡deberías hacer!) es descubrir los valores básicos y sistemas de creencias de tu pareja potencial. ¿Se alinea con aquello que es importante para ti? ¿Qué le emociona? ¿Qué le molesta? ¿Cómo se comporta cuando siente estrés, agotamiento o provocación? ¿Cómo te trata cuando *tú* experimentas estrés, agotamiento o provocación? ¿Y cómo se alinea todo eso con lo que buscas en una relación?

¿Recuerdas la lista de no negociables que hiciste? Te dije que sería importante. ¿Qué?, ¿no me creíste? Pues qué pena porque llegó el momento de esa lista. Es el Día de la lista. ¡Viva la lista!

La cruel ironía es que la etapa de los «primeros días» de las citas es justo cuando hay más probabilidades de que arrojes la lista al basurero y luego le prendas fuego (por favor, no lo hagas, es un delito).

Entiendo ese instinto. A mí también me pasa. Es mucho más divertido estar lleno de esperanzas que lleno de listas. Pero aquí es cuando más necesitas la lista. Porque en los primeros días, cuando todos quieren causar la mejor impresión, es fácil caer en la trampa de pensar «espero gustarle».

¡No! Tú eres el premio aquí. Los demás deberían desear gustarte a ti. ¡Ya quisieran! Entonces, si te gustan los imanes para refrigerador (guácala, pero aquí todos son bienvenidos), pega esa lista en el refri. Escríbela en tu espejo con lápiz labial como si fueras el villano de una película de terror. Tatúatela en la frente.

Lo que trato de decir es que tengas esa lista siempre presente. No des concesiones. No ahora.

Por último, recuerda que está BIEN contenerse un poco. **No hay prisa**. Dedica tiempo, observa, ten curiosidad, haz preguntas. Intenta no sentir apego por alguien que no lo merece (Lo cual es, de hecho, un buen título alternativo para este capítulo).

RED FLAGS (SI TIENES SOSPECHAS, ES POR ALGO)

La búsqueda de una pareja no se trata de encontrar a alguien que cumpla todas las expectativas y que no necesite cambiar nada (recuerda, no existe la pareja «perfecta»). Se trata de encontrar a alguien que conozca sus defectos y *red flags*, y tenga la disposición de crecer y evolucionar contigo.

Un defecto es algo irritante o molesto, y por lo general es algo menor. Algo que no pone en riesgo la relación y con lo cual puedes vivir. Incluso puede ser una cualidad entrañable que se convierte en una peculiaridad encantadora.

Si pasas demasiado tiempo en internet, tal vez hayas escuchado el término *beige flag*. Una *beige flag* puede ser algo muy especial, quizá algo gracioso, que raya en lo raro, pero que definitivamente no es totalmente espantoso. Las *beige flags* no necesariamente son buenas o malas, pero vale la pena tenerlas en cuenta si te resultan incómodas o vergonzosas.

Un ejemplo al azar sería... que alguien considere una gran idea cantar la discografía completa de Blink-182 (ocho álbumes de estudio, pero no hay que olvidar el álbum en vivo) durante un viaje en coche. Puede que pienses «¿En serio? ¿Blink? ¿Falso punk rock horrendo para niños de los 90?», y yo diría «Bueno sí, pero ¿te has puesto a pensar que quizá *tú eres* quien tiene la *beige flag* por asumir que no soy *cool* porque no me gusta Pavement, y de todos modos Blink es mejor?». (Okey, mi coautora amenaza con retirarse... ¡continuemos!).

A diferencia de los potencialmente adorables y encantadores defectos y las *beige flags*, las *red flags* son enormes advertencias de incompatibilidad. Pueden ser peligrosas y dañinas. Podrían estar en conflicto con tus valores más importantes, hacerte sentir menos valioso y afectar tu habilidad para confiar y amar de forma abierta en relaciones futuras. Si el comportamiento de una *red flag* continúa, significa la ruina para una relación.

De nuevo, un ejemplo del todo hipotético... ¿Me degradas, te burlas de mí y me haces menos de manera activa enfrente de todos tus amigos por creer que el primer álbum de Third Eye Blind es con facilidad parte del Top 10 de la década de los 90 y superior a otros grandes como *(What's the Story) Morning Glory?* de Oasis? Cuando me humillas y hieres mis sentimientos, en definitiva, esa es una *red flag* (a mi coautora le gustaría dejar asentado en el registro que nunca lo ha hecho).

La química con las *red flags* (embriagante y adictiva química con las *red flags*) es cuando la mierda es caótica, impredecible, maniática o extraña. En la química con las *red flags*, son comunes la falta de control, los sentimientos de impotencia o de peligro sexys.

> Puedes sentir que estás en una montaña rusa, y sin duda es excitante. Si ya tienen encuentros en este punto, es probable que el sexo sea fuera de este mundo. ¿Pero es eso todo lo que buscas? Digo, si es así, está bien. Pero si buscas formar un apego más duradero y sano, no confundas la química de las *red flags* con la compatibilidad a largo plazo.

Una *red flag* es una conducta que se interpone en la formación de una conexión sana y segura con tu nuevo interés amoroso. Conforme vayas conociendo a tu cita, mantente atento a estas características de las *red flags:*

UN ESTILO DE COMUNICACIÓN EVITATIVO, ENGAÑOSO O POBRE

Mentir de forma directa, o incluso las mentiras estratégicas por omisión, es una conducta obvia de una *red flag*. Pero si tu nuevo acompañante se cierra cada vez que las cosas se ponen relativamente incómodas, también es algo a lo que debes prestar atención. Si no puedes hablar con honestidad respecto a lo que te molesta en los primeros días, cuando no hay mucho en juego, ¿de verdad quieres averiguar cómo lucirá eso en diez años, cuando no logres que tu pareja evitativa se siente para tener una maldita conversación sobre el estado de la relación sin obligarla? No lo quieres.

UNA SENSACIÓN DE CAOS E IMPREVISIBILIDAD

Los viajes de último minuto a la costa y las citas maratónicas de dos días pueden ser muy divertidos, pero a veces necesito que me avisen, ¿sabes? Y si ya llevamos un rato saliendo y te desapareces por semanas, solo para volver a aparecer en mi vida a intervalos aleatorios, vamos a tener un problema. Algo está alimentando esa conducta caótica y poco confiable.

La imprevisibilidad no lleva a la estabilidad, y no creará un apego seguro. Sin embargo, puede presentarse como un refuerzo intermitente, lo que a su vez es una de las formas de enganchar a alguien. Dios, a veces nuestros cerebros pueden ser muy estúpidos. Ahora, de la nada, hay una parte de mí que se siente adicta a la atención esporádica, y eso le estorba a mi bienestar general. No digo que la espontaneidad sea una táctica de manipulación, pero sí digo que es una táctica usada por los manipuladores. Ten cuidado.

INMADUREZ EMOCIONAL Y SUPERFICIALIDAD

Todos aman un «Eso dijo ella»[2] bien sincronizado, pero si el humor adolescente es tu respuesta natural cuando me siento estresado o triste, puede que no seamos un buen *match*. Hay una diferencia entre la ligereza y el vacío emocional. Es natural que las cosas sean sencillas y divertidas durante los primeros días; no hay nada mejor que hacer que un nuevo interés romántico se ría tan fuerte que se orine. Es fantástico. Pero a riesgo de ser un completo Nostradamus del aburrimiento; mis amigos, hay tiempos difíciles por delante. Y si tu nuevo interés resulta no ser más que una cara bonita unidimensional que no sabe sortear emociones complejas, te vas a quedar sin respaldo emocional en el futuro. Necesitas una pareja que pueda profundizar cuando lo necesites (Eso dijo ella).

NO TIENE INTERÉS EN TU EXPERIENCIA

Básicamente, ¿qué tan egoísta es?, ¿qué tan ególatra? ¿Lastima tus sentimientos de forma continua al no reconocer la forma en que sus acciones o palabras te afectan? ¿No es capaz de estar presente para ti cuando es importante? ¿No puede reconocer tus preferencias ni reconocer y satisfacer algunas de tus necesidades más pequeñas,

---

[2] Alude a la conocida línea de Michael Scott, en *The Office*. *(N. del t.)*.

incluso cuando eres claro al respecto (cosas como a dónde quieres ir a cenar o qué película quieres ver)? Hay una razón por la que a muchos nos resulta cierta la frase «Si quisiera, lo haría».

Si señalas ese comportamiento, ¿se excusa de forma repetida con alguna variación de la defensa «¡Pero tenía buenas intenciones!»? Es el siglo XXI, por todos los santos. Esa justificación es endeble en el mejor de los casos, y puede ser un indicador de que a tu pareja potencial le resultará difícil hacerse responsable de sus acciones. Peor aún, si se siente atacada y ofendida cuando le pides que se haga responsable, probablemente no tenga las herramientas emocionales o mentales para poner sus circunstancias a un lado y sentir curiosidad y compasión respecto a cómo las experimentas tú. Es difícil tener una relación exitosa con alguien que está seguro de que siempre hay una sola realidad objetiva en vez de dos realidades increíblemente subjetivas e igual de válidas. Hay un gran mundo gris allá afuera, amigos.

FALTA DE CONCIENCIA RESPECTO A CÓMO EL PASADO SE MANIFIESTA EN EL PRESENTE

Identificar la forma en que la niñez, la familia y las relaciones pasadas siguen influyendo en la persona que son ahora es algo en lo que trabajan millones de personas en terapia. Pero el acceso a un terapeuta profesional calificado es un privilegio inaccesible para muchos, así que no hay que estar en busca de una carta de recomendación de un psicoanalista burgués de Nueva York a quien hayas visto tres veces por semana durante cinco años. Dicho eso, no tener ningún entendimiento o curiosidad respecto a la forma en que tus traumas pasados influyen en tus patrones negativos, significa que no hay muchas posibilidades de que conectes los puntos y crezcas un poco.

Además —me duele de verdad tener que separar por género aquí—, no es raro que hombres emocionalmente atrofiados salten de una mujer a la siguiente para recibir terapia y orientación sobre relaciones sin invertir en su propio crecimiento personal. Los problemas no resueltos y no aceptados en un miembro de la pareja pueden hacer que el otro, más desarrollado, tome el papel de terapeuta, y eso no es ni justo ni lindo.

LOVE BOMBING

Como mencionamos en el capítulo cuatro, el *love bombing* es cuando alguien con quien sales está totalmente loco por ti desde el inicio: te da halagos efusivos, tiene grandes planes para su futuro juntos, muestra afecto exagerado y te da atención constante. Se siente increíble. ¡Te están elevando a base de carisma! El aire es dulce allá arriba, en el pedestal en el que te ponen, y las dosis de dopamina del *love bombing* te elevan.

Tú estás bien, no hay duda. Estas leyendo este libro, así que básicamente eres la encarnación de una *green flag*. Pero cuando estás conociendo a alguien, la cantidad de amor con que te «bombardea» debería ser directamente proporcional a cuánto te conoce en realidad. De lo contrario, está proyectando sobre ti un montón de fantasías idealizadas, y no es posible que las vayas a satisfacer. Puede que lo hagan a propósito (lo cual está mal), o puede ser sin intención (también está mal, pero un poco menos). De cualquier forma, hay un 99% de probabilidades de que todo termine mal cuando la inevitable verdad de tu ser real (e increíble) se entrometa en la fantasía que esa persona construyó.

Es probable que tú conozcas algunas conductas de *red flag* que quieras agregar a esta lista (te pediré que las anotes un poco más adelante). Recuerda, todo lo que le estorbe a la formación de una conexión sana y auténtica puede ser una *red flag*, en especial si esa conducta hace que te sientas mal, cuestiones tu identidad o te impida ser tu versión más verdadera. Estas son algunas señales más que puedes considerar:

- No le agrada a tus amigos y familiares. Asumiendo que confías en tu gente, no lo pases por alto.
- No te presenta con ninguno de sus amigos o familiares. O quizá ni siquiera tiene otras relaciones sólidas en su vida. Podría haber una buena razón para esto (¿se acaba de mudar a la ciudad?), pero sé precavido.
- No muestra curiosidad alguna por tus intereses. Quizá tejer cestas es un poco aburrido, pero al menos debería emocionarle que a ti te emocione.
- Muestra actitudes manifiestas de celos. ¡No es lindo!
- Resulta que todas sus exparejas están «locas». Seguro, viejo.
- Te presiona para llevar la relación a un ritmo con el que no te sientes cómodo, ya sea de modo físico o de otra manera. ¡Los límites son sagrados!

Cuando estás conociendo a alguien, la cantidad de amor con que te «bombardea» debería ser directamente proporcional a cuánto te conoce en realidad.

Es divertido hacer mofa de personas poco iluminadas y de su estrechez de mente, que genera conductas de *red flag*. ¡¿Cuántas veces piensas en el Imperio romano?! Pero a menos que esa persona sea un completo idiota, es probable que no esté intentando molestarte de forma deliberada o que sea «malo para las relaciones». Si bien las conductas de *red flag* **nunca** son aceptables, cuando valores si alguien las tiene o no, hazlo con un enfoque compasivo.

¿Por qué? Porque es una calle de doble sentido, y tú también deberías revisarte en busca de esta o cualquier otra conducta de *red flag*. Mirar en tu interior y tener una conciencia activa sobre cómo te muestras en esta etapa inicial de la relación no solo te hará más exitoso, también es una manera grandiosa de conectar con tu verdadero yo y de identificar tus propias áreas de crecimiento. Tener la voluntad genuina de trabajar en uno mismo puede vencer cualquier *red flag*.

GREEN FLAGS (SÍ, GRACIAS. MÁS DE ESAS, POR FAVOR)

Una *green flag* es cualquier conducta que dé respaldo a una relación sana y a una conexión segura. Simple, ¿verdad? Pero las *green flags* pueden ser más difíciles de notar en los primeros días que las *red flags*, que a menudo vienen acompañadas de campanas de alarma útiles y ruidosas. No obstante, estos indicadores sutiles de madurez emocional son igual de importantes. Identificar *green flags* puede ayudarte a valorar si tu cita es consciente de sí misma y tiene la mentalidad de crecimiento que buscas en una pareja a largo plazo.

Muy bien, elijamos a alguien al azar para hablar de sus *green flags* para entender mejor a qué me refiero. Supongo que elegiremos... ¡A MÍ! ¡Todos sabemos quién soy! Mis *green flags* son las siguientes:

- Tengo mucha inteligencia emocional.
- Asistí y todavía asisto a terapia.
- Afronto el conflicto y disfruto las conversaciones incómodas sobre temas difíciles.
- Soy bueno para escuchar.
- Soy un amante generoso.

- ✧ Sé cómo los traumas de mi niñez han afectado mis patrones de relaciones.
- ✧ Sé qué tipo de apoyo emocional pedir.
- ✧ Tengo muchos amigos maravillosos que se preocupan por mí.
- ✧ Tengo claro lo que quiero de una relación.
- ✧ Sé establecer límites.
- ✧ No soy una persona cruel cuando estoy en una discusión.
- ✧ Soy muy divertido.
- ✧ Tengo un gusto excelente en música (dato divertido: la banda Nada Surf es la mejor banda. ¡Búscala!).
- ✧ Tengo un estilo *cool* que no muchas personas pueden tener porque mi cuerpo es ideal para las camisas de franela y las playeras de *rock* alternativo inspiradas en los noventa.

Quisiera poder continuar, pero mi coautora amenaza con vomitar encima de todo el manuscrito, y entonces tendríamos que arrojarlo por la ventana y comenzar de nuevo. ¡Estamos en terreno peligroso, amigos!

Admito que, técnicamente, las tres últimas no son *green flags*. Si bien mi impecable gusto musical, genio cómico y sentido de la moda natural son muy atractivos, no necesariamente producen salud en una relación. Entonces, para los fines de este ejercicio (y SOLO de este ejercicio), podemos ignorarlos. Así como una *red flag* no es lo mismo que un defecto, una *green flag* es más que algo adorable o enternecedor.

> Si tienes **química con las *green flags***, tendrás mucho interés en aplicar tu boca a diversas partes del cuerpo sexy de tu cita. Pero en vez de sentirte como un tren sin frenos que no podría hacerse responsable de sus acciones, tienes todo el control. Te ven,

escuchan y entienden. Si bien la química con las *green flags* no es tan embriagadora como la química con las *red flags*, te prepara para crear un apego seguro y sano.

Conforme se acumulen las citas con tu nueva lindura, presta atención a los indicios de que la persona con la que pasas el tiempo está interesada en una relación honesta, segura y solidaria. Queremos que las *green flags* hagan lo siguiente:

FACILITAR LA COMUNICACIÓN SANA Y HONESTA

Las cosas van a ponerse raras en algún punto. Todos tenemos días malos. Pero ¿tu cita puede expresar lo que está experimentando? ¿Puede pedir lo que necesita en términos simples? «Puedo sentirme ansioso en las fiestas grandes, ¿te quedarías a mi lado durante la noche?».

Si haces algo que le afecta, ¿puede llamar tu atención de forma directa y no agresiva? «Cuando te platiqué sobre cómo mi hermana hirió mis sentimientos, no dejaste de revisar tu celular, lo que me hizo preocuparme por pensar que te aburría y que tal vez estabas de su parte. Pero todos sabemos que las hermanas son lo peor. ¿No? ¿O solo lo es la mía?».

¿Te sientes tan cómodo con esta persona como para hacer lo mismo? ¿Eres capaz de expresar tus propias necesidades, y recibes empatía y curiosidad cuando lo haces?

CREAR UNA SENSACIÓN DE SEGURIDAD Y PREVISIBILIDAD

¿Están presentes cuando dicen que lo estarán? Y no necesariamente me refiero a la puntualidad (lo cual podría estar en tu lista de no negociables, o podría ser algo que no le preocupa en absoluto a la divinidad zen que eres). Es importante que den seguimiento a los planes con dudas mínimas, que no te dejen plantado y respondan tus mensajes en un periodo razonable, como sea que lo definas (en lo personal, diría que dos horas en un fin de semana, cuatro entre semana. Pero siendo serios, noventa segundos todos los días porque, ¡¿cómo vas a dejarme en visto por más de un minuto y medio?!).

MOSTRAR MADUREZ Y PROFUNDIDAD EMOCIONAL

¿Tu cita mostró empatía y comprensión cuando hablaste de tus emociones, o sentiste que hablabas en otro idioma? ¿Si siente algo, es capaz de nombrarlo? Te sorprendería la cantidad de gente que no puede simplemente decir «Me siento triste», o quizá no te sorprenda.

¿Tu cita puede gestionar y regular sus emociones, incluso en situaciones no ideales? Si se enoja con el mesero porque en la cocina se están tardando con su *frittata*, la respuesta es no (además, debieron pedir un burrito de desayuno, así que *RED FLAG*). ¿Has visto que sea vulnerable? ¿Se le salieron las lágrimas cuando le mostraste ese video del labrador que se reúne con su familia luego de estar perdido en el bosque durante seis meses, o es un robot sin emociones?

DEMOSTRAR QUE ENTIENDE CÓMO SU COMPORTAMIENTO AFECTA A LOS DEMÁS (O SEA, A TI)

¿Es un total cretino ególatra o, en general, es consciente de que sus acciones y palabras tienen un efecto en ti? Si te decepciona o te hace sentir mal, ¿lo nota? ¿Se preocupa cuando eso ocurre y es capaz de hacerse responsable de sus errores y disculparse? ¿Se interesa por ti cuando están juntos y hace preguntas sobre tu experiencia (el ejemplo más básico y simple sería: «¿Te la estás pasando bien?»)?

DEMOSTRAR QUE ES CONSCIENTE DE LOS TRAUMAS DE LA NIÑEZ Y DE RELACIONES PASADAS, Y SU IMPACTO EN LOS DEMÁS (DE NUEVO, TÚ)

Mira, todos tenemos problemas (¡regresa al tema de las hermanas para echarle un vistazo a los míos!), pero ¿tu cita es consciente de la carga que trae a esta relación? ¿Es capaz de hacer la conexión entre su experiencia vivida y la persona que es ahora?

Por ejemplo, ¿puede articular que su papá era supertacaño con los abrazos y solo los repartía luego de una victoria impresionante en algún deporte, lo que creó la constante presión de ser el mejor y la sensación general de no ser suficiente? Y de ser así, ¿es capaz de prestar atención a esas reacciones luego de que detonan para evitar que ocurran una y otra vez en la dinámica de sus relaciones románticas?

Algunas de ellas, en especial la última, pueden parecer una labor titánica, incluso para los más desarrollados. Todos estamos en construcción, y nadie es una *green flag* perfecta y dulce todo el tiempo. Pero tú te estás esforzando en ser una persona plena, autoconsciente y emocionalmente madura, y mereces estar con alguien que haga lo mismo.

PLANES DE VIDA

Odio sonar como tu mamá cuando pregunta sobre nietos, pero es importante estar en la misma página (o al menos en el mismo capítulo) respecto a los elementos grandes de la relación que más valoras.

La gente cambia, y tenemos que dejar espacio para ello en nosotros mismos y en nuestras parejas. Es uno de los riesgos que asumimos cuando decidimos tener una relación a largo plazo con alguien, pero también es maravilloso atestiguar el crecimiento de alguien a quien amas. Dicho eso, hay ciertas cosas en las que resulta difícil hacer concesiones si tú o tu pareja tienen perspectivas firmes.

Conforme se vayan conociendo, asegúrense de hablar sobre lo siguiente.

- **Estilo de relación.** ¿Les interesa una relación monógama, poliamorosa o abierta?
- **Hijos.** ¿Todavía no deciden? ¿Es un sí firme o un sólido no? ¿Han pensado en cuántos y en qué momento?
- **Religión/espiritualidad.** ¿Hay creencias religiosas o prácticas espirituales que importen en su vida diaria?
- **Ubicación.** ¿Dónde quieres vivir? ¿Eres un chico de ciudad o una bruja del bosque? ¿Estarías dispuesto a mudarte, o eres leal hasta la muerte a tu ciudad natal?
- **Carrera.** ¿Cuáles son tus ambiciones profesionales, y cómo influyen en tus perspectivas sobre mudanzas y compromisos con relaciones románticas?
- **Dinero.** ¿Cuáles son tus hábitos de gasto o ahorro y tu opinión respecto a las deudas?
- **Valores sociales/activismo.** ¿Qué tanto te involucras en tu comunidad? ¿Cuál es tu postura sobre causas sociales, ambientales y humanitarias?
- **Política.** ¿Cuáles son tus creencias políticas y cuán presentes están en tu vida diaria?
- **Familia.** ¿Qué tan involucrado estás con tu familia? ¿Qué tan involucrada esperas que esté tu pareja?
- **Metas a largo plazo.** ¿Dónde esperas estar en cinco, diez o veinte años en términos de éxito personal, profesional y familiar?

Algunas de estas cuestiones podrían ser no negociables para ti, mientras que otras podrían estar abiertas a la concesión. En cualquier caso, es cuestión de lo que tú quieras. Si sales con alguien para casarte, y esa persona no cree en el matrimonio, será más fácil seguir tu camino antes de involucrarte demasiado. Pero si solo sales por diversión, disfrutas tu soltería y estás probando diferentes conexiones, quizá no importe tanto que los niños te den asco y que tu cita quiera tener diez. Sin embargo, tener conversaciones tempranas respecto a estos temas conforme se vayan conociendo asegurará que no haya grandes sorpresas más adelante. Y está BIEN si no lo tienes todo ya decidido. ¡Yo no lo tengo! Pero la apertura al diálogo, la flexibilidad y la disposición a ser influidos tienen un gran valor.

CÓMO LLAMARLO

¿Qué pasa si después de dos o diez citas te das cuenta de que esta persona no es para ti? Ya consideraste las *red flags* y *green flags*, ya hablaron sobre los temas que son importantes para ti, ya consultaron sus listas de no negociables, ya te leyeron el tarot, pero la situación no luce prometedora.

> **La química con las *yellow flags*:** ¿Qué pasa cuando la química que sientes en tu nueva relación es más indiferente que burbujeante? La energía sexual es tan importante como quieras que sea, pero su ausencia total puede indicar desinterés y puede ser una mala señal. Por el contrario, una química que se desarrolla poco a poco, conforme se conocen el uno al otro, puede ser la cimentación de una relación sana y duradera que se basa en algo más que querer arrancarse la ropa. En mi experiencia, tú ya sabes si es una u otra. Confía en tu intuición.

O quizá simplemente no sientes interés. ¡También está bien! Ya sea que puedas articular una razón lógica impecable o solo la falta de la inexpresable alquimia que hace que las relaciones funcionen, es hora de enfrentar los hechos... tienes que ponerle fin, amigo.

¡Auch! La culpa de decepcionar a alguien. El dolor y la confusión en su rostro. El riesgo de una respuesta rara y agresiva. No, gracias. O termino todo hoy y me siento horrible, o hago cualquier otra cosa y me siento bien. Nunca me sorprende cuando mis pacientes tienen problemas para salir incluso de las relaciones más breves. ¡Esto es horrible!

Pero eres un as maduro y responsable de las citas, ¡y vas a manejarlo! ¡Todo! Y una vez que hagas lo que *sabes* que tienes que hacer, vas a sentirte muy orgulloso de ti.

Primero lo primero, ¿deberías simplemente desaparecerte?

LOL, no... pero... ¿quizá?

Si sientes que desaparecer sin explicación es la opción más segura, hazlo. Por desgracia, a veces salimos con bichos raros o personas con una energía tan caótica e impredecible que sería más fácil para todos que nunca las vuelvas a contactar. Si piensas que tu seguridad emocional, mental o física podría estar en riesgo por cualquier razón, te otorgo el permiso de hacer *ghosting* hasta que te canses.

Sin embargo, si no hay una preocupación por tu seguridad, hazle saber a esa persona de forma directa y honesta que no te interesa continuar la relación.

Quizá preguntes:

—TherapyJeff, ¿puedo hacerlo por mensaje?

A lo que yo respondería:

—Sí. ¿Por qué diablos no?

Esta no es una regla escrita en piedra, pero creo que está del todo bien enviar un mensaje cuando solo han tenido tres citas. Incluso podría estar bien si han salido cinco o seis veces. Pero depende de la vibra de esas salidas: ¿solo hubo dardos y cerveza, o más bien se trató de charlas sobre sus pensamientos más profundos y sus secretos mejor guardados hasta el amanecer? Si la persona ha sido vulnerable y te confió detalles íntimos sobre su vida, es probable que merezcan una llamada telefónica (qué salvaje, lo sé) o una conversación en persona.

Di: **«Disfruté pasar tiempo contigo, pero no siento una conexión romántica»**.

Listo. No tienes la obligación de decir nada más. No tienes que explicar por qué no se ajustan el uno al otro, no tienes que dar detalles desagradables sobre por qué no te gusta, ni tienes que desarrollar una lista de las cosas poco atractivas y tontas que hizo o dijo.

Si insiste en una razón, depende de ti cuán honesto quieres ser. Quizá si le explicas el problema de forma considerada, eso le ayude en relaciones futuras. Pero ese no es tu trabajo, y es muy probable que no tengas una imagen completa y precisa de quienes son en realidad. Entonces, ¿para qué crear inseguridades?

Es obvio que eres una persona compasiva, pero intenta no estancarte en las preocupaciones por herir los sentimientos de alguien más. Esa persona entendía el riesgo del rechazo cuando comenzaron a salir y te respetará por ser directo. Y si no lo hace, entonces te acabas de librar de un gran problema.

No aceptes ser amigos a menos que de verdad lo desees. Termina la conversación y deséale suerte en su viaje por el mundo de las citas.

VE DESPAAACIO

Por otro lado, apenas llevan un par de citas y todavía no quieres tirar la toalla. ¡Esas son noticias maravillosas! ¿Ahora qué? Esther Perel, una leyenda entre los terapeutas, apoya la idea de alentar a las parejas a nutrir sus propios intereses, pasiones y crecimiento personal, en vez de volverse exageradamente entremezclados o codependientes. ¡Las citas en la etapa inicial deberían complementar la vida que ya tienen! No borres esa noche de chicas del calendario.

Ve a tomar esas cervezas con los amigos. O haz algo igual de divertido, pero menos sexista. El punto es que vayas despacio.

Y no me refiero a abstenerte del sexo por un periodo arbitrario. Tengas sexo o no lo tengas, ¡apoyo ambas opciones!

De cualquier forma, evita dar un vuelco a toda tu vida. Ajusta a esta persona nueva a tu vida de manera natural. Puede ser una o dos veces a la semana. Quizá tres si te quiere preparar la cena y tú no quieres pasar otra noche comiendo los sándwiches de pavo que te sobraron. Diviértete creando tensión y anticipación. Extraña un poco a esa persona. Siente su ausencia y deja que sienta la tuya. Ansía verla de nuevo.

Quizá pienses: «Pero ¿por qué, Jeff? ¿Por qué retrasar algo que se siente tan divertido, tan agradable y correcto?». Porque quiero que tengas el espacio para asegurarte de que tu nueva lindura cumple con todo lo que te importa antes de que formes un apego más profundo. Para ello, necesitas quitarte esos lentes de «nuevo amor» de vez en cuando y tomar aire. Cuando lo hagas, quiero que te preguntes lo siguiente. No hay respuestas correctas o incorrectas, el punto es estar en contacto con quién eres y la forma en que eso se sintoniza con la imagen que comienzas a tener sobre quién es esa persona. Repítelo tanto como lo necesites, y comenzarás a tener cierta claridad sobre si esta persona tiene potencial para ser un *match* a largo plazo. No ocurrirá de la noche a la mañana, ni tendría que hacerlo. Mientras tanto, baja la velocidad. Diviértete. Quédate en la zona gris. Deja que ocurra de forma natural. Habla con tus amigos sobre cómo van las cosas. De ese modo, cuando estés listo para declarar que esta conexión creciente es una relación «oficial», lo harás con completa confianza.

Diviértete creando tensión y anticipación. Extraña un poco a esa persona. Siente su ausencia y deja que sienta la tuya. Ansía verla de nuevo.

1. Vuelve a leer las *green flags* y *red flags* de este capítulo. ¿Cuáles resuenan con más fuerza contigo y por qué? ¿Cuáles agregarías?
2. Enlista de dos a cuatro conductas de *green flag* que tu nueva persona ha mostrado. ¿No recuerdas ni una? Eso puede ser (adivinaste) una *red flag*.
3. Si sus defectos, *beige flags* y *red flags* potenciales, nunca se fueran, cambiaran o mejoraran, ¿aún querrías estar con esa persona?
4. ¿La química se basa en la imprevisibilidad y el caos excitante, o en sentir la suficiente seguridad como para ser tu versión auténtica y tener montones de cosas en común?
5. ¿Te gustan las cosas que esa persona disfruta? Porque vas a tener que escuchar sobre sus tontos pasatiempos toda la vida, y si ya estás disociando, no es una buena señal. ¿Esa persona muestra interés en tus pasatiempos?
6. ¿Qué tanto te emociona presentar a esta nueva lindura con la gente que más te importa? Si te ilusiona integrarla en tu vida, me encantaría verlo. Si la mantienes en la banca porque le temes a la reacción de tus amigos, pregúntate por qué.
7. ¿Te parece que tus valores más importantes se alinean con los suyos? ¿Les importan las mismas cosas en un sentido cósmico?
8. ¿Puedes expresar libremente tu opinión y pedir que se satisfagan necesidades pequeñas? Por ejemplo, a dónde quieres ir a comer, cuánto tiempo quieres que pasen juntos, qué serie

estúpida de Netflix van a ver mientras se sientan nerviosos uno al lado del otro sin tocarse, pero casi tocándose.

9. ¿Te resulta difícil ser fiel a tu versión más auténtica cuando están juntos? ¿Ocultas aspectos de tu personalidad que temes puedan resultar poco atractivos?

10. ¿Cuáles piensas que son tus *green flags*? ¡Anímate y enlista cuatro o cinco!

11. ¿Cuáles piensas que son tus *red flags*? Si estás en buenos términos con alguna expareja, considera pedir su opinión. Tus amigos también pueden ayudar.

12. Revisa con atención las tres listas que hiciste en el capítulo cuatro (¡revisión de listas!). ¿Estás ignorando algo relativo a las listas? De ser así, ¿qué y por qué?

CAPÍTULO **SIETE**

ASEGURA A ESA LINDURA

Se dice en las calles que te sientes listo para pasar de las citas despreocupadas a algo más definido. Antes que nada, estoy muy emocionado por ti. ¡Qué paso tan grande y valiente!

Pero ¿exactamente cómo se pasa de las citas casuales a una Relación con R mayúscula? En este capítulo, cubriremos todo lo que necesitas saber para una transición exitosa, incluyendo cómo asegurarte de que estás listo y cómo manejar la conversación sobre el «compromiso». También exploraremos una de las etapas más celebradas de las relaciones: el legendario periodo de la luna de miel.

Normalmente, cuando pedimos (o nos piden) definir una relación, hablamos sobre más compromiso, dedicación y devoción. Todo eso es grandioso en teoría. Pero recuerda, debes estar preparado para devolver todo lo que pidas a tu amorcito. ¿Listo para dar un paso al frente?, ¿para dedicar más energía emocional?, ¿para esperar a estar juntos y ver el nuevo episodio de *Euforia*, incluso si ya tienes muchas ganas de verlo?

Si no, no hay problema. Pero es importante que seas honesto contigo mismo. Si no estás seguro, no hay nada de malo con esperar un poco hasta que tengas la certeza de querer invertir más tiempo y recursos en la pareja.

El compromiso formal con una relación debería provenir de un lugar genuino, alimentado por el deseo natural de mayor conexión, cercanía e intimidad. Si los capitanes del barco son el miedo, la ansiedad o la inseguridad, toma un descanso. Lo mismo aplica para los celos y la posesividad.

¿Tienes dudas? ¡No te preocupes! Te daré algunas cosas en las que pensar, ya que a eso me dedico.

ANTES DE DLR

Primero que nada, definir la relación (DLR) no siempre tiene que resultar en una pareja exclusiva y monógama, especialmente ahora que hay disponibles muchas otras opciones menos tradicionales. Se trata más de ser vulnerable sobre lo que quieres, escuchar lo que tu pareja quiere y llegar a un acuerdo, tal como lo definan todas las partes involucradas.

Dicho eso, **decirle que sí a una persona a menudo significa decirle no a todas las demás**. Si pides (o te piden) una relación monógama o de compromiso en cualquier otro sentido, ¿estás preparado para seguir cualquier «regla» que se decida en conjunto? ¿Ya guardaste luto por el hecho de que no volverás a salir con otra persona hasta que la relación termine o hasta que ambos decidan abrirla?

No es extraño si te sientes un poco desanimado porque te perderás las salidas con otras personas. Es una pérdida que debe tomarse en cuenta. Pero si pasas demasiado tiempo lamentándote por las primeras citas hipotéticas que nunca tendrás porque estás a punto de comprometerte con alguien, puede ser una señal de que en realidad no estás listo para comprometerte.

¿Ya **borraste las aplicaciones de citas**? Si no, ¿por qué? Elimínalas de tu teléfono y observa cómo te sientes.

Vaya, qué alivio, ¡¿verdad?! ¿Quién tiene tiempo para eso?

Incluso si estás muy enamorado de tu nueva lindura, tal vez una parte de ti ansíe la dosis de dopamina que te da hacer *match* con alguien desconocido. Eso es normal, y el deseo desaparecerá con el tiempo a medida que tu cerebro se reconfigure. Sin embargo, si no puedes evitar las aplicaciones, ese es otro indicador de que deberías pisar el freno.

Estoy seguro de que ya superaste esto, pero ¿has revisado tus listas recientemente? Solo por si acaso, **revisa las listas** que hiciste en el capítulo tres. Asegúrate de que no estás evitando algún motivo de ruptura o un punto no negociable que podría reaparecer más adelante para darte una patada en el trasero. Las claves para una relación duradera son la compatibilidad de valores, metas e intereses compartidos, así como la química física y emocional. Tus listas te mantendrán honesto respecto a la presencia (o falta) de esas cosas en tu relación floreciente.

Por último, incluso si ninguno de los elementos de tus listas está gritando «PRESTA ATENCIÓN, TONTO», haz una última **revisión de tu intuición** para cerciorarte de que todo está en regla. Piensa en la progresión natural de tu relación. ¿Se están volviendo cada vez más exclusivos, pasan más tiempo juntos y se integran mutuamente en sus círculos sociales? Ese es un gran indicativo de que podría ser el momento de discutir el estado de la relación.

La clave para una relación duradera es la compatibilidad de valores, metas e intereses compartidos, y la química física y emocional.

Si todo lo demás falla, confía en que sabrás que ya es el momento.

LA CONVERSACIÓN

En un mundo ideal, tú y tu amorcito se darían cuenta de que es hora de DLR exactamente al mismo tiempo tras ser golpeados por un rayo divino perfecto como las flamas gemelas que obviamente son. Aunque eso no es imposible, también es igualmente probable que sea uno quien decida que es hora de tener esa conversación en particular y reúna el coraje para preguntarle al otro.

Solicitar «la conversación» es un acto de vulnerabilidad, y debería ser reconocido como tal. Si eres tú quien la solicita, ¡buen trabajo! Te abriste camino a través del miedo y eso es increíble. Si la otra persona la solicita, aprecia lo valiente que acaba de ser tu amorcito.

Si a ti te piden tener la discusión DLR y no te sientes listo, está bien pedir más tiempo para prepararte. Sé preciso y pide un número específico de días o semanas. Una negativa ambigua para hablar sobre el estado de la relación genera frustración y resentimiento. Aprovecha ese tiempo para revisar los pasos de la sección previa «Antes de DLR». Recuerda que, aunque vayan a hablar sobre definir los parámetros de la relación, no estás obligado a aceptar nada que se sienta equivocado o que no se alinee con lo que buscas. Todo lo que tienes que hacer es mantener tu versión auténtica y ser honesto respecto al lugar en el que te encuentras. No se trata de comprometerte con una situación exclusiva antes de estar listo, sino de tener una discusión sincera y abierta respecto a tus sentimientos.

¿Da miedo? Sí, puede ser atemorizante. Pero es un paso crítico en el viaje de la relación, y no puedes evitarlo por siempre.

Destilada hasta sus elementos más básicos, la conversación no es más que expresar tu deseo de llevar la relación al siguiente nivel, escuchar cómo se siente tu pareja al respecto y definir juntos lo que eso significa. Más allá de eso, también es una gran oportunidad para abrirse paso por algunos de los malentendidos comunes que tienden a surgir en esta etapa. Considera cubrir estos temas durante tu conversación:

- **¿Qué se considera infidelidad?** ¿Puedes acurrucarte con un amigo? ¿Coquetear con la barista? ¿Hacer un nuevo amigo para pasear a sus mascotas sin decírselo a tu pareja? Muchas personas terminan en mi consultorio porque no se discutió o acordó lo que constituye una infidelidad.
- **¿Hay ciertas cosas que acuerden mantener en privado?** ¿Hay algún secreto que no quieran revelar? ¿Qué pasa si una expareja te envía un mensaje? ¿Qué pasa si a un amigo no le agrada tu nueva pareja?, ¿tu pareja querrá saberlo? ¿Qué esperan que se mantenga en privado y qué quieren poner sobre la mesa?
- **¿Esta etapa te hace sentir más seguridad o más ansiedad?** ¿Sientes que de pronto hay más en riesgo? ¿La incertidumbre desaparece? ¿Te hace sentir libre y cómodo siendo tú mismo? Explora estos temas de forma vulnerable y sin juicios.
- **¿Las expectativas cambian? Y de hacerlo, ¿de qué manera?** ¿Pasan más tiempo juntos? ¿Eres el principal apoyo emocional? ¿Esa persona es tu contacto de emergencia, o todo permanece igual excepto por la etiqueta? ¡Háblenlo!
- **¿De qué forma pueden lograr que el otro se sienta más seguro?** ¿Cuáles son sus nuevas etiquetas? Además de agregarle una etiqueta a la relación, ¿hay algo más que puedan hacer para crear una mayor sensación de seguridad y tranquilidad? ¿Deberían anunciarlo en Instagram?, ¿revelarlo en el chat grupal oficial?, ¿conocer a sus padres? ¿Hay algún temor que puedan ahuyentar con acciones?
- **¿Cómo deberían terminar?** Esto parece ser deprimente, y espero que tengas la relación duradera que mereces y deseas, pero muchas relaciones, en algún momento, llegan a su fin. Hablar sobre cómo te gustaría que tu pareja terminara las cosas si ese momento llega puede volver la ruptura ligeramente menos horrible. Tener esa conversación ahora, cuando ambos están emocionados por el nuevo compromiso, puede hacerlo menos doloroso.

Al comenzar la conversación DLR, es mejor no asumir nada hasta tener confirmación verbal, pero también es difícil manejar las expectativas. Recuerda que, incluso si no resulta exactamente como lo soñaste, obtendrás claridad importante sobre la situación. Y si no todos están precisamente en el mismo canal, hacer concesiones en ciertos puntos es una forma excelente de fortalecer la relación y de crecer a nivel personal.

¿Todavía necesitan un poco de inspiración? Esta es una lista de preguntas estándar que pueden plantear mientras definen la relación juntos:

1. ¿Hay algún aspecto de nuestra intimidad física que te gustaría mantener completamente en privado?
2. ¿Cómo defines el «coqueteo inocente», y cuál es tu sentir respecto a que tenga esa conducta con otras personas?
3. ¿Cuál es tu sentir respecto a que tenga muestras de afecto y cercanía física con mis amistades? ¿Tu sentir cambia dependiendo del género de la amistad?
4. ¿Te incomoda que hable de lo atractivas que me resultan otras personas, o puedo hablar de ello abiertamente?
5. ¿Cuáles son tus límites y preferencias respecto a compartir información personal, incluidos detalles sobre nuestra relación, con amigos y familiares?
6. ¿Te lastimaría si comenzara a ver una serie nueva sin antes preguntarte si te gustaría que lo hiciéramos juntos?
7. Cuando ordenemos comida, ¿debo asumir que vamos a compartir nuestros platillos o no debo tocar tu comida?
8. En promedio, ¿cuánto tiempo deberíamos planear pasar juntos? ¿Cuál es tu balance ideal de tiempo con amigos/tiempo a solas/tiempo de pareja?

9. ¿Habrá ciertos días o noches que siempre pasaremos juntos, o deberemos confirmar los planes a medida que avance la semana?
10. Si llegara a serte infiel, ¿preferirías que lo confesara y tratáramos de resolverlo juntos, o que lo mantuviera en secreto y me comprometiera a no hacerlo de nuevo? (¡No hay ningún problema si te saltas esta pregunta porque te resulta desagradable! No es para todos y eso está bien).

EN EL PARAÍSO PROMETIDO

Ya definieron la relación y ambos están A BORDO. ¡Maravilloso! ¡Qué momento para estar vivo! Es hora de disfrutar la fase de la luna de miel o, en jerga terapéutica, la «etapa de proyección positiva mutua».

Ah, la etapa de la luna de miel, cuando todos tienen lentes color rosa quirúrgicamente injertados en el rostro. Sientes optimismo, tienes esperanza y el futuro te emociona. No piensas en defectos e imperfecciones. De hecho, todas esas peculiaridades te resultan muy enternecedoras y atractivas. Es difícil no pasar cada minuto disponible con tu amorcito. Incluso caminas dando brinquitos.

No hace falta decir que le resultas irritante a todos tus amigos.

Aprecia y atesora la fase de luna de miel. No solo se trata de diversión y juegos, también establece las bases para una relación feliz y duradera. Porque el asunto con la fase de luna de miel es que, tarde o temprano, termina (lo siento, ¡*spoiler!*). Y cuando las cosas se ponen difíciles y la incertidumbre se filtra, los cimientos sólidos y conectados que formaron durante esta fase les servirán como fuente de estabilidad, permitiéndoles mantener los pies en la tierra a pesar de las turbulencias ocasionales.

Te diré lo mismo que les digo a todos mis pacientes: no tomes ninguna decisión enorme e irreversible mientras están embelesados el uno por el otro en esta fase. No se muden juntos. No se casen.

No tengan hijos. No dediquen todos sus ahorros a lanzar una marca de productos de estilo de vida (a menos que sea una idea demasiado buena). Y por Pete Davidson, NO se hagan tatuajes iguales.

Sí, disfruten imaginar todos estos posibles futuros, locos y maravillosos. Pero eviten tomar grandes decisiones y en su lugar aprecien dónde están **ahora**.

Es especialmente importante asegurarse de que no están dejando de lado a sus amigos y familiares, ni abandonando sus intereses y pasatiempos durante esta fase de la relación. Tu pareja no va a satisfacer todas y cada una de tus necesidades (ni debería). Incluso si disfrutas demasiaaado la luna de miel, no abandones el resto de tu vida. Lo he visto una y otra vez con mis pacientes (y sí, de acuerdo, admito que también entiendo por completo ese impulso a nivel personal). Ve a tu club de lectura. Responde los mensajes de tu hermana, incluso si está siendo una cretina. Tómate una noche para trabajar en tu poesía en vez de sentarte a abrazar a tu pareja en el sillón. Tu yo del futuro te lo agradecerá.

El periodo de luna de miel puede durar entre tres meses y dos años. Es un rango muy amplio, lo sé. Estas son algunas características que te ayudarán a descifrar cuándo estás en la relajación tropical de la luna de miel y cuándo no:

- **Emociones elevadas.** Vas a tener un extra de hormonas agradables, como la dopamina, serotonina y oxitocina (qué rico), las cuales se encargan de hacerte sentir extasiado, emocionado e irresistiblemente atraído hacia tu amorcito. Claro, solo son un montón de reacciones químicas que ocurren en tu cerebro, pero eso no hace menos extraordinaria la experiencia. Es la mejor embriaguez natural disponible.
- **Idealización.** Te centrarás en las cualidades positivas de tu amorcito y puede que pases por alto o minimices sus defectos. Eso está bien por ahora. Esto contribuirá a tener una fuerte conexión emocional y alimentará la pasión. No obstante, ten presente que estás

subiendo a tu pareja en un pedestal y no puede quedarse ahí arriba por siempre.

- **Comunicación y tiempo de calidad frecuentes.** ¿Así que quieres pasar cada momento del día con tu amorcito y enviarle mensajes todo el tiempo, mientras el mundo cruel te obliga a tu rudo trabajo antirromántico? ¡Es normal! Envíale a tu pareja emojis, memes y TikToks que capturen a la perfección su floreciente romance. Pero hay vida más allá de esta relación. Un día saldrás arrastrándote de tu cueva del amor y ansiarás pasar tiempo con tus amigos, así que no te les desaparezcas. Y quizá deban mantener la efusividad en privado, en lugar de transmitirla a todas las personas de sus listas de contactos.
- **Intimidad física.** Es probable que la atracción esté al máximo. Querer tener sexo sin parar es normal en esta etapa. Depende de ustedes averiguar los límites, y mientras todos den su consentimiento con entusiasmo, vuélvanse locos. Pero solo porque quieran arrancarse la ropa a la menor oportunidad, no significa que el sexo siempre será perfecto. Puede llevar tiempo conocer el cuerpo del otro y sentirse cómodos y en confianza en el dormitorio. ¡Más al respecto en el capítulo diez!

No temas: estas características, que en su mayoría son grandiosas, no terminan de golpe tras la luna de miel. Siguen bastante presentes en las relaciones sanas, pero su intensidad natural se reducirá y sentirán menos urgencia.

LUNA DE MIEL MALDITA

Si bien la etapa de la luna de miel por lo general se define por la emoción y la positividad, también comienzan a emerger algunas *red flags* que podrían indicar problemas potenciales o dinámicas dañinas futuras. Aunque la euforia puede dificultarte ser honesto contigo mismo, presta atención a las señales grandes:

- **Celos o posesividad excesivos.** ¿La persona está obsesionada contigo? Puedes apostar que lo está. Pero ¿está *demasiado* obsesionada?, ¿de forma espeluznante?, ¿de modo posesivo y celoso?, ¿del tipo «necesito saber con exactitud dónde estás cada segundo del día»? Esto podría ser una señal de que esa persona está lidiando con algunos problemas de inseguridad, lo que podría afectar la relación con una falta de confianza.
- **Deshonestidad o falta de transparencia.** Si tu amorcito miente o es evasivo de forma constante, en especial en los primeros días de su compromiso, no es una buena señal. Su evasión podría indicar problemas de confianza más profundos o una tendencia a la manipulación.
- **Peleas frecuentes.** El conflicto sano es parte de toda relación. No obstante, si se pelean todo el tiempo durante la fase de luna de miel, es algo que se debe tomar en cuenta. Esta es la advertencia de «no confundir la intensidad con la intimidad» que mencioné anteriormente. En mi experiencia, si ahora pelean mucho, con el paso del tiempo será peor.
- **Incapacidad para manejar el conflicto o la crítica.** Si es que llegas a ser crítico en esta fase, probablemente lo seas de la forma más tierna y dulce posible. Así que, si tu amorcito no puede aceptar la retroalimentación razonable y se pone a la defensiva en exceso o es agresivo, podría ser señal de malas habilidades de comunicación o incapacidad para manejar el conflicto normal de modo sano.
- **Comportamiento controlador.** Hay un mundo de diferencia entre una pareja que quiere pasar cada segundo contigo y una pareja que demanda pasar cada segundo contigo. Ten cuidado con cualquiera que intente controlar tus acciones, decisiones o

interacciones sociales, ya sea de forma abierta o mediante tácticas de manipulación. Este tipo de conducta puede llevar a una dinámica de poder dañina y restringir tu autonomía personal.

- **Incompatibilidad de valores, metas y estilos de vida.** ¡Te recordé revisar tus listas antes de definir la relación, y te pedí tener conversaciones respecto a metas y valores importantes! Pero te perdono si pasaste por alto algunos de los puntos más sutiles. En general, hacia el final de la etapa de la luna de miel, comenzamos a notar vistazos de quién es en realidad nuestro nuevo interés amoroso. Todo es parte de llegar a conocer a alguien, ¿correcto? Pero si bien las diferencias a menudo pueden enriquecer la relación, las incompatibilidades importantes en valores, metas y estilos de vida fundamentales pueden significar retos e insatisfacción a largo plazo.
- **Cargas no resueltas de relaciones pasadas.** Todos tenemos mierda no resuelta de nuestro pasado, y es necesario mostrar cierta aceptación y tolerancia mutua al respecto. Sin embargo, si tu pareja menciona o piensa constantemente en sus relaciones pasadas, eso podría sugerir que no ha procesado o superado del todo esas experiencias, lo que podría tener un impacto en la relación actual.
- **Inversión desigual en la relación.** Una relación debe involucrar esfuerzo e inversión mutuos. Si notas que inviertes más tiempo o esfuerzo emocional que tu pareja, o viceversa, podría ser señal de un desequilibrio que producirá resentimiento y desprecio. No es algo que deberías sentir tan pronto. ¡Guarda la diversión para después, por Dios!

Quizá no haga falta decirlo, pero si notas en ti mismo cualquier inclinación hacia estas conductas, vale la pena examinar qué las causa. Ninguna relación es perfecta, incluso en la etapa de luna de miel, y es normal tener problemas o desacuerdos ocasionales. No obstante, si notas de manera constante cualquiera de estas *red flags* o cualquier otra cosa que afecte tu habilidad para mostrar tu versión más completa y auténtica, es importante abordar las preocupaciones y valorar si la relación es adecuada para ti.

LUNA DE MIEL INTERRUMPIDA

Terminar la relación durante la etapa de luna de miel es horrible, pero es una buena decisión antes de sentir más apego. Y si ya averiguaste que esta no es la relación a largo plazo para ti, es hora de enfrentar la realidad con compasión y respeto.

Aunque soy defensor de terminar las cosas por mensaje en los primeros días, si ya se definió la relación, te recomiendo hacerlo en persona, o al menos por llamada telefónica. Sé honesto y directo respecto a la razón por la que la estás terminando y sé considerado con la autoestima y el valor de la otra persona (¡no hace falta ser un cretino respecto a su mala personalidad!). Si te lo pide y te sientes bien con ello, dale retroalimentación respecto a tu experiencia con la persona. Puede que le sirva para crecer y, en algún momento, encontrar a la pareja adecuada. Termina con algunas palabras amables respecto al tiempo que compartieron, para que haya posibilidades de que se forme una narrativa positiva sobre la experiencia que ambos tuvieron.

¡LO LOGRASTE!

¡Tuviste tu conversación vulnerable! ¡Aseguraste a esa lindura! Estás en una relación. ¡Eso es algo enorme!

Cuando la luna de miel comience a desvanecerse, la naciente relación debería avanzar hacia la estabilidad, seguridad y madurez. Para algunos, esta transición puede ser un poco deprimente. Es normal.

Las hormonas terminan por regularse y la vida se inmiscuye. Puede que tengan que confrontar problemas o diferencias que habían pasado por alto, y desarrollar nuevas formas de conectar el uno con el otro.

Ufff, ahora me estoy deprimiendo yo.

Mira, una luna de miel maravillosa de primera clase con vistas al mar no se convierte automáticamente en una relación larga y exitosa. Es una buena señal, pero no es LA señal. De modo que, si hay algunos baches en el camino, no te desesperes, todavía se están conociendo. Y si bien una conexión duradera y auténtica, desarrollada con el paso del tiempo mediante respeto mutuo y un poco de esfuerzo, puede no darte la misma sensación de mariposas en el estómago que sentías en esos felices días de la etapa de la luna de miel, te da algo mejor: una relación amorosa hecha para durar.

¡Vienen cosas emocionantes, amigos! Antes de que te adelantes, tómate un momento para reflexionar sobre el lugar en el que te encuentras respondiendo las siguientes preguntas:

1. ¿Qué resultado tuvieron las conversaciones para «definir la relación»? ¿Qué funcionó y qué no?
2. ¿Cómo te hace sentir la idea de borrar las aplicaciones de citas para comprometerte con una persona: emocionado, aliviado, nervioso o preocupado?
3. ¿Estás ignorando algún elemento de gran importancia de tus listas (¡revisión de listas!)? De ser así, reflexiona sobre la razón por la que estás dispuesto a pasar por alto aquello que te importa con tal de hacer que la relación avance.

4. ¿La progresión de tu relación se siente natural, o hay áreas que parecen un poco forzadas?
5. ¿Estás listo para definir la relación, pero tienes dudas sobre mencionar el tema por miedo al rechazo? ¿Qué pasaría si enfrentaras ese miedo?
6. ¿Vives con miedo de que tu nuevo amorcito quiera tener «la conversación» para definir la relación? ¿Qué debe cambiar para que te sientas preparado para esa conversación?
7. ¿Cuáles son los temas que más te gustaría tratar durante la conversación? ¿En qué estás dispuesto a hacer concesiones? ¿Qué es tan importante que no estarías dispuesto a negociar?
8. Si tu nuevo amorcito no se siente igual que tú respecto a la relación, ¿cómo lo manejarás?
9. ¿Te permites experimentar las alegrías y la emoción de la conexión, o te estás conteniendo por miedo a la intimidad?
10. Durante la fase de la luna de miel, ¿le das importancia a tus otros compromisos y te tomas el tiempo para ver a amigos y familiares? ¿Tu nueva y brillante relación se interpone con el trabajo, la escuela o proyectos creativos en los que normalmente disfrutas trabajar?
11. ¿Se asomó alguna *red flag* que ignoraste porque quieres seguir sintiendo todas esas cositas dulces lunamieleras? ¿Qué pasaría si te obligaras a levantar la voz respecto a aquello con lo que no te sientes tan cómodo?
12. Dedica algunos minutos a reflexionar respecto a la fase de la luna de miel. ¿Qué vas a extrañar más? ¿Qué ansías dejar atrás?

CAPÍTULO **OCHO**

SE TERMINÓ LA LUNA DE MIEL, NIÑO

Cuando la neblina inicial de la euforia por una nueva relación se acabe, ambos lo sabrán. Quizá tengan su primera pelea real. Tal vez si tienes que escuchar a esa persona hablar sobre la quinta temporada de *Stranger Things* por un segundo más, perderás la cabeza. Quizá por fin sientes la comodidad suficiente para confesarle a tu amorcito del pacífico noroeste que odias acampar... y no resulta bien. ¿Solo me pasó a mí?

El fin de la luna de miel es inevitable, pero con los cimientos de la aceptación, la comunicación sana y unos ojos volteados en el momento justo, ¡avanzarán a algo mucho mejor!

QDEP

Dedica un momento a orar por la etapa de la luna de miel. Es genuinamente decepcionante que esta fase haya terminado. Reconocer y guardar luto pleno por su pérdida es necesario e importante. Y si estás en una relación monógama con la esperanza de que sea una asociación para toda la vida, esta podría ser tu última etapa de luna de miel, lo cual es innegablemente trágico. Ahora hace falta que te esfuerces por encontrar y ponerte esos lentes rosados que parecían permanentes. Todavía están por ahí en alguna parte, pero es probable que estén en el coche, enterrados bajo monedas pegajosas, polvillo de dulces y pañuelos usados (¡limpia tu auto!).

Esta parte trata sobre llevar a la práctica el esfuerzo consciente necesario para recordar lo mucho que amas a tu lindura, incluso cuando pausa *Yellowjackets* cada cinco minutos para hacer preguntas y eso te está sacando de quicio.

¿Suena sombrío? ¡No tiene por qué serlo en absoluto!

Dicho eso, una de las razones por las que muchos de mis pacientes terminan en mi consultorio es que ellos (o las personas por las que se sienten atraídas) se largan tras la luna de miel.

A esto le llamamos «ir de flor en flor»; es decir, cuando alguien salta a la siguiente relación tan pronto como la actual comienza a dificultarse o a sentirse demasiado «real», lo cual es tan normal como común.

¿Estás asintiendo como si dijeras «Sip, yo hago eso»? Ser consciente de ello es un primer paso importante. Si solo te interesan los buenos momentos, no algo prolongado, eso está bien, pero pon en práctica la honestidad desde el inicio y no envíes señales mixtas. Desde luego, tienes derecho a cambiar de opinión conforme la relación se desarrolle, pero si eres un escapista crónico tras la luna de miel —dispuesto a todo hasta que las cosas se ponen difíciles—, estás dañando el corazón de las personas. Si no estás seguro de lo que quieres, al menos ten ética y sé transparente al respecto. Y si tienes problemas para verbalizar siquiera eso, considera tomar un descanso de las citas para aclarar lo que buscas antes de volver a intentarlo.

Para pasar con éxito de la etapa de la luna de miel a una relación comprometida a largo plazo, la idea de la seguridad y una conexión más profunda debe resultar más atractiva que el brillo de la emoción sin pausas.

Okey, hago parecer que las relaciones seguras son insoportablemente aburridas y no hay una sola chispa, cuando ese no es el caso.

Pero sí es verdad que, una vez que la luna de miel se desvanece, la proyección positiva mutua de la que hablamos en el capítulo anterior deja de estar al mando.

Excelentes noticias: ¡ahora tú estás a cargo! Por fin eres capaz de darle un largo vistazo a la persona con la que tienes una relación, y como has estado usando las listas del capítulo tres para mantenerte fiel a tu versión auténtica y honrar tus necesidades, esa persona tiene muchísimas cualidades atractivas que complementan las tuyas. ¡Así se hace!

Atrinchérate, resiste. No tienes miedo de esforzarte un poco en busca de un amor duradero, ¿o sí? Claro que no. Y más allá de un vínculo romántico duradero, las relaciones que brindan apoyo son un gran lugar para trabajar en ti mismo (recuerda: no tienes que estar «curado» para merecer una relación sana; las relaciones sanas *también son* sanadoras).

No hay nada de qué asustarse. A diferencia de *Yellowjackets*, que es aterradora... ¡quizá las constantes pausas e incesantes preguntas de tu pareja les estén ahorrando a ambos las pesadillas!

AMOR INTEGRADO

¿Qué queremos tras la luna de miel? Una conexión redonda y armoniosa conocida como **amor integrado**. El amor integrado es maduro, se basa en la realidad y va más allá del enamoramiento. Su definición principal no se basa en la pasión o la atracción física, sino que mantiene un espacio para el crecimiento y la sanación emocionales, intelectuales y espirituales. El amor integrado reconoce y respeta la individualidad de todas las partes en la relación, y a la vez fomenta un sentido profundo de unidad, confianza y compromiso.

El amor integrado reconoce que tu pareja y también TÚ —con todo respeto— dicen y hacen cosas tontas de vez en cuando, pero eso no los define. Hay aspectos positivos y negativos (todos contenemos multitudes, amigos) que tanto tu pareja como tú pueden ver y apreciar. Lo cual está muy bien, ¿no?

Este amor solo puede lograrse luego del desvanecimiento de la luna de miel, cuando ya tuviste experiencia con los muchos y diversos aspectos de tu pareja. Siempre habrá detalles en toda relación que no te agradarán mucho. El truco es darte cuenta de que el amor integrado trata sobre averiguar lo que puedes aceptar y tolerar (o, si lo prefieres, integrar) y lo que no.

¿QUE HIZO QUÉ?

¿Cómo puedes saber si estás tolerando demasiado o muy poco? Eso depende completamente de ti, y siempre será así. Pero refresquemos nuestra memoria respecto a algunos de los grandes motivos de ruptura que podrían poner en riesgo tu viaje hacia el amor integrado:

1. Si un miembro de la pareja tiene una fuerte adicción y se niega a recibir ayuda.
2. Si un miembro de la pareja tiene un trastorno psiquiátrico importante y se niega a recibir tratamiento.
3. Si hay violencia física o abuso en la relación.
4. Si hay crueldad emocional o manipulación en la relación.
5. Si hay un largo patrón de irresponsabilidad total con cosas como el dinero, la infidelidad o ser un padre horrible.
6. Ausencia total de amor por parte de un miembro de la pareja.

Más allá de estas destellantes señales de advertencia que indican «SALIDA POR AQUÍ», al igual que en cualquier otra etapa de una relación, puede ser complicado entender la diferencia entre un pequeño defecto y un asesino de relaciones. Para refrescar la memoria, me gusta pensar en un defecto como algo de tu pareja que podría irritarte o molestarte, pero que no contribuye a una dinámica poco sana o dañina. Todos tenemos peculiaridades e imperfecciones. Los defectos pueden ser cosas como ser desorganizado, roncar, contar chistes tontos o quejarse de lo grandioso que solía ser Burning Man antes de que se volviera «corporativo» (incorrecto). Al considerar todo el panorama, puedes pasarlos por alto porque, bueno, nadie es perfecto. Incluso podrías reinterpretar las peculiaridades y defectos de tu pareja de forma positiva. Por ejemplo:

—Sí, puede ser un poco desorganizado a veces, ¡pero eso va de la mano con la creatividad y adaptabilidad que tanto me gusta!

Del mismo modo, si decidiste que los ronquidos y los chistes malos son un problema difícil de sortear, nadie evitará que termines la relación y encuentres a alguien con un ingenio erudito y que duerma sin respirar. Pero antes de hacerlo, recuerda que siempre vas a tener que tolerar algo, y si eso te causa furia, dime que eres hijo único sin decirme que eres hijo único.

Por suerte para ti, tienes una lista de los motivos de ruptura importantes y ya la revisaste dos veces. Sigue siendo una lista impresionante, y deberías estar muy orgulloso de ella. Pero ahora que estás en una relación real (y no una hipotética), es hora de poner a prueba tu lista y asegurarte de que es apta para tus fines. Y como recién saliste de la etapa de la luna de miel, puede que esta vez te lo debas tomar en serio.

Te recuerdo que un motivo de ruptura es algo no negociable. No es algo lindo o tierno. Es algo que evita que puedas amar de forma plena a tu pareja o mostrarte en la relación con tu versión auténtica. Los motivos de ruptura varían de persona a persona, pero por lo general involucran problemas importantes como diferencias en valores, metas de vida opuestas o conductas abusivas.

Echa otro vistazo a tu lista. ¿Hay algo que quieras agregar o cambiar? ¡Hazlo!

Incluso si no hay un conflicto claro con algo en tu lista, la línea entre defecto y motivo de ruptura puede ser borrosa. Una vez que estás en una relación, es más un arte que una ciencia. Entonces, ¿cómo saber si estás dando demasiadas concesiones respecto a esas características poco ideales?

- Te vas a quejar bastante (y con justa razón); pero, antes que nada, escucha a tu instinto. Si algo no se siente bien, o te sientes incómodo de forma repetida, presta atención.
- Reflexiona sobre tus valores y límites. ¿Das concesiones sutiles respecto a lo que de verdad te importa? De ser así, es un problema.
- Considera el impacto que la relación tiene en tu bienestar general. Si de forma constante sientes estrés, más infelicidad que felicidad, o ignoras cualquier hábito saludable que beneficie tu bienestar general, puede ser señal de que estás aceptando demasiado.
- ¿El resentimiento y el desprecio tienen el control? ¿Pasas de cero a cien en un segundo cuando tu pareja hace eso (tú sabes de qué hablo)? De ser así, algo anda mal.
- Claro, las cualidades y conductas de tu pareja son importantes, pero ¿tu conducta ha cambiado en esta relación? ¿Te has retraído (o es difícil no hacerlo)? ¿Te has vuelto pasivo-agresivo o agresivo-agresivo? De ser así, algo en esa persona lo está desencadenando.

Al final del día, se trata de encontrar ese bello equilibrio donde puedes aceptar los defectos inevitables de tu pareja mientras mantienes tus propios valores, límites, salud y bienestar. Confía en ti, lindura, ¡y recuerda que mereces amor integrado!

CON EL DEDO EN EL GATILLO

Cuando las constantes sensaciones agradables se estabilizan en un equilibrio más mesurado, se abre el espacio para la provocación. Pero ¿qué significa eso con exactitud una vez que estás en una relación?

Ser «provocado» en una relación significa que algo que tu pareja hace o dice desencadena una reacción emocional intensa y potencialmente desmedida. Es como cuando ves un vaso sucio en el fregadero y piensas: «Bien, bien, bien, al parecer ya no tienen la menor fe en esta relación. ¡CÓMO ME ENCANTA VER ESO!».

Con frecuencia, estas reacciones están arraigadas en experiencias y traumas del pasado, así como en cargas emocionales no resueltas. Con el simple acto de no cooperar (SOLO PONLOS EN EL LAVAPLATOS, MALDITA SEA, ESTÁ JUSTO AHÍ), tu pareja acaba de presionar, sin querer, el botón de «inicio» de una montaña rusa emocional alimentada por recuerdos relacionados con tu papá de mierda o la basura que era tu ex.

Cuando te sientes provocado, tu pareja puede pensar que tu reacción es desproporcionada a la situación y tal vez se sienta confundida respecto a por qué perdiste la calma de repente. Pero, para ti, parece tan increíblemente razonable que quizá ni siquiera te des cuenta de que tu pareja tocó una zona sensible sin intención.

Recuerda, todos tenemos cargas emocionales y es normal sentirnos provocados de vez en cuando. La clave es reconocerlo, comunicarlo y trabajar en conjunto para que la relación sea de sanación. Un extra: esta experiencia práctica con el manejo de las provocaciones también tendrá beneficios saludables y duraderos para ti a nivel personal (crecimiento personal, ¿no?). Estos son algunos consejos sobre cómo puedes lograrlo al crear lo que los terapeutas llaman «experiencias correctivas»:

- **Reconoce lo que ocurre.** Al menos uno de ustedes debe reconocer que alguien se siente provocado. Por lo general, debe ser quien provocó, no la persona provocada. En vez de reaccionar a la defensiva, esfuérzate en responder a tu pareja con amor, entendimiento y un límite gentil pero firme. Intenta decir algo como: «Parece que de pronto te abrumaste. Quiero entender más sobre las causas. ¿Podemos tomarnos un descanso?».
- **Confía en tu pareja.** Es más fácil decirlo que hacerlo, pero si tu pareja te pregunta si sientes provocación, confía en que puedes bajar la guardia y conectar con ella de forma emocionalmente vulnerable, en vez de con enojo y a la defensiva. Intenta recordar que esta no es la persona que te hirió originalmente, sino que, de hecho, es la persona que quiere responderte de forma amorosa para que puedas sentir que te escucha y te valida.
- **Reflexionen juntos.** Tómense un tiempo para explorar el motivo de la provocación. ¿Qué experiencias pasadas o emociones no resueltas están involucradas? Entender la causa de raíz puede ayudar a abordar el problema. Si pueden llegar al fondo del asunto, entonces tu pareja puede reconfortarte haciéndote saber que no se irá de la relación y que sigues importándole; solo tenía flojera y pocas ganas de lavar los platos en ese momento. Ahora que saben que eso puede provocarte, se esforzarán por lavar sus asquerosos platos.
- **Busca ayuda.** ¿Sientes que esto está más allá de tus capacidades? ¡Es comprensible! Si puedes hacerlo, busca ayuda de un terapeuta profesional para que no tengas que sortear estos sentimientos abrumadores tú solo.

¡VAMOS A REVISARLO!

«¡Todas las relaciones deberían tener revisiones periódicas!», exclamaron todos los terapeutas habidos y por haber.

¿Con qué frecuencia?

«¡Una vez a la semana, linduras!».

O al menos una vez al mes si todavía estás fortaleciendo tus pequeños músculos revisores. ¿No estás realizando ninguna revisión? Bueno, entonces debes ser increíble para comunicar *exactamente* y *en el momento* lo que sientes, necesitas y quieres el 99% del tiempo. ¡Maravilloso! Muy pocas personas son capaces de hacerlo de forma continua (Es decir... yo puedo... pero no todos podemos ser TherapyJeff).

Para los demás, ¿cómo debe lucir una revisión?

¡Como tú quieras! Piensa en tus propias reglas. Todo se vale, siempre y cuando se tomen el tiempo para conectar de forma abierta, presente y sin prejuicios, con la intención de mejorar la relación. Okey, eso es bastante prescriptivo. Aprovecho para darte mi *Top Ten* de temas sugeridos para una revisión:

1. **Revisión emocional.** Hablen sobre sus estados emocionales individuales y cómo se sienten en la relación. Compartan cualquier fuente de estrés o felicidad y discutan cómo pueden apoyarse el uno al otro.

2. **Valoración de la comunicación.** Evalúen lo bien que se comunican mutuamente. ¿Se sienten cómodos compartiendo sus pensamientos, sentimientos y preocupaciones de forma abierta? Identifiquen cualquier área donde se pueda mejorar la comunicación.

3. **Resolución de conflictos.** Reflexionen sobre desacuerdos o discusiones recientes. ¿Cómo los resolvieron?, ¿pudieron repararlos

y reconectarse? Discutan formas de mejorar la resolución de conflictos y desarrollar estrategias de afrontamiento más sanas.

4. **Intimidad y afecto.** Aborden sus necesidades de intimidad física y emocional. ¿Todos están satisfechos con el nivel de afecto, cercanía y conexión sexual? Si es necesario, exploren formas de fortalecer la intimidad.
5. **Metas de relación.** Discutan sus metas a corto y largo plazo. ¿Todos están de acuerdo respecto al futuro de la relación? Esto puede incluir temas como vivir juntos, matrimonio, hijos, planes profesionales, finanzas y mascotas.
6. **Crecimiento personal.** Compartan sus metas personales y profesionales, y exploren cómo pueden apoyar mutuamente su crecimiento, desarrollo, sueños y aspiraciones.
7. **Límites y espacio personal.** Valoren si sus límites actuales funcionan o si se necesita algún ajuste. Discutan la necesidad de tener espacio personal y pasar tiempo separados, asegurándose de que todos se sienten valorados y respetados. Tengan en mente que el espacio y los límites son fluidos y pueden cambiar de una semana a otra.
8. **Confianza y seguridad.** Discutan el nivel de confianza y seguridad en la relación. ¿Hay alguna preocupación o problema que deba ser tratado para fortalecer la confianza?
9. **Tiempo de calidad.** Reflexionen sobre el tiempo que pasan juntos y cuán significativo es. ¿Están satisfechos con la frecuencia y calidad de sus actividades y experiencias compartidas? De ser necesario, hagan una lluvia de ideas sobre las formas en las que pueden generar tiempo de calidad juntos. ¡Qué lluvia de ideas tan divertida!
10. **Aprecio y gratitud.** Compartan lo que aprecian del otro y de la relación. Expresen gratitud por el apoyo, el amor y la compañía. Es cursi, ¡pero puede ser el elemento más importante de esta lista!

No tienen que abordar los diez puntos en cada revisión. Elijan los que les parezcan más relevantes, y siéntanse libres de tomarse de las manos y ser tiernos mientras lo hacen.

¿ESTÁS LIBRE?

Esas dulces y sensuales noches de citas que formaban parte del ADN del periodo de la luna de miel ahora deben ser hechas a mano. ¡Y son importantes! Intenten apartar tiempo para conectar verdaderamente de forma regular. Anótalo en el calendario compartido de Google y considéralo una prioridad. Las noches de citas regulares fortalecen los lazos de la relación, profundizan el afecto y fomentan la intimidad. Además, tu sillón me dijo que deberían salir de casa de vez en cuando (Okey, está bien. Fue mi sillón. ¡Dile que estoy escribiendo un libro!).

Es un clásico por una razón: haz tiempo para ir a cenar y ver una película, y después (o puede que no) sigue un buen rato en la cama (Recomendación: Que el buen rato en la cama ocurra antes de ir a cenar. Tú sabes por qué).

Pero lo poco convencional también es lindo *(comienza un montaje de citas tipo comedia romántica musicalizado por Taylor Swift).* Paseen por un vecindario que nunca habían visitado. Horneen un pastel. Hagan un pícnic en el piso de la sala. Hagan senderismo. Dense un masaje el uno al otro. Compartan TikToks graciosos mientras comen rebanadas de pay. Compartan un plato de espagueti con albóndigas hasta que se den un beso accidental mientras sorben el último espagueti. *¡Qué lindo!*

La actividad no es lo importante. Lo importante es hacerla. El cielo es el límite, siempre y cuando el tiempo de calidad sea intencional.

NO (SIEMPRE) SE TRATA DE TI

Luego de la luna de miel, y por el resto de la relación, piensa en cómo puedes mejorar como pareja para tu amorcito. Pregúntale qué necesita de ti y hazlo. No asumas que todo está resuelto. Deja que esa persona sea la experta sobre cómo satisfacer lo que quiere y necesita.

Esto no solo tiene que ver con el sexo, pero ayuda pensarlo de esta forma: durante la hora sexy, está bien que confíes en tus movimientos. ¡Nos encanta ese entusiasmo! ¡Nos encanta la confianza! Presume tus habilidades. Pero cuando tu pareja te dice específicamente lo que le gusta y lo que no, escúchala. Esa persona sabe lo que le excita. ¡Haz eso! Deshazte de la idea de que conoces mejor que ella su cuerpo, su mente y lo que quiere de una pareja.

Esta mentalidad beneficia a todos en la relación. Y espera lo mismo a cambio.

AL DIABLO LA PERFECCIÓN

Después de la luna de miel, es normal que te preguntes si hay alguien más perfecto para ti allá afuera. Pero afrontémoslo, además de TherapyJeff, la perfección no existe (espera un segundo, mi coautora se está ahogando de la impresión).

Si quieres una relación madura y duradera, tendrás que dejar ir la idea de la perfección, tanto para ti como para tu pareja. Todos estamos dando nuestro mejor esfuerzo como obras en progreso, con defectos, pero maravillosas (sí, incluso TherapyJeff). La parte importante es la del progreso, incluso más que la de encontrar tu «*match* perfecto». ¿Tu pareja está dispuesta a acompañarte para nutrir la relación con vulnerabilidad y un poco de trabajo, que podría no siempre ser cómodo, pero que vale la pena?

Si la respuesta es un sí, intenta enfocarte en apreciar todas las cualidades positivas de tu pareja: su gentileza, lealtad y, sí, también ese lindo trasero. Todo esto forma parte de una relación sana. Y en vez de perseguir una imagen idealizada, enfócate en la compatibilidad. Valora lo bien que se ajustan el uno al otro, si comparten pasatiempos, estilos de comunicación, intereses y, desde luego, lo más importante, si disfrutan hablar mierda sobre sus enemigos.

La paciencia es esencial. Después de que se desvanece la luna de miel, su relación necesita tiempo y esfuerzo adicionales para florecer, así que tómenlo con calma y apóyense conforme crecen y se convierten en mejores compañeros el uno para el otro.

Hablando de crecimiento, este también es un momento excelente para seguir trabajando en tu crecimiento personal (¡leer este libro también cuenta!). Recuerda que tú tampoco eres perfecto. Qué aburrido sería si lo fueras. ¡Flojera total!

Todos tenemos al menos un hábito, comportamiento, actitud o creencia que nos gustaría cambiar. Por consiguiente, adoptar una mentalidad de crecimiento no solo te beneficia a ti a nivel personal, sino que beneficia a la relación como un todo. ¡No lo pases por alto! Estas son algunas sugerencias con las que puedes empezar:

- Ve a terapia individual.
- Busca tiempo para tu autocuidado.
- Prueba tener una actitud de gratitud.
- Escribe un diario.
- Reconoce de forma continua tus emociones y nómbralas.
- Aprende una nueva habilidad.
- Intenta darte reafirmación diaria.
- Cultiva una práctica meditativa.
- Haz un registro de tus hábitos.

- ✧ Lee libros y artículos escritos por expertos sobre temas de crecimiento personal que te interesen (en el apéndice se encuentran algunos de mis favoritos).

Los defectos, peculiaridades y hasta un par de *red flags* son lo que nos hace humanos. Al hacer que tu relación se convierta en un espacio seguro donde tú y tu amorcito son libres de mostrarse con su versión más auténtica, estarás en camino hacia un amor integrado. *¡Qué increíble!*

En el siguiente capítulo, nos adentraremos en el fino arte de sortear el conflicto sano. Pero antes, tómate un momento para reflexionar sobre el lugar en el que te encuentras ahora explorando estas preguntas:

1. ¿Sientes la urgencia de terminar luego de la luna de miel? ¿Te había pasado antes? ¿A qué crees que se deba?
2. ¿Cuáles consideras que son los defectos más grandes de tu pareja? ¿Qué pasaría si los interpretaras de forma positiva? Inténtalo.
3. ¿Te sientes provocado de manera constante en tu relación? ¿Tu pareja se siente así? ¿Puedes identificar la razón?
4. ¿Eres capaz de comenzar conversaciones respecto a acciones y comportamientos debidos a un estado de provocación? De no ser así, ¿a qué crees que se deba?
5. ¿Existe alguna barrera que les impida estar presentes para el otro y facilitar una experiencia correctiva cuando alguno se sienta provocado?, ¿cuál?

6. ¿Con qué frecuencia revisas tu relación con tu pareja? ¿Con qué frecuencia te gustaría hacerlo?
7. ¿Te resulta difícil tener revisiones regulares con tu pareja? ¿Cuáles son los puntos más complicados? ¿Cuáles son las tres cosas que más te gustaría abordar en una revisión de la relación?
8. ¿Puedes comunicar abiertamente tus necesidades más importantes a tu pareja? Si no es así, ¿qué te lo impide?
9. ¿Le has preguntado recientemente a tu pareja qué necesita de ti? ¿Qué evita que se lo preguntes justo ahora?
10. Piensa en al menos tres ideas poco convencionales para una noche de cita que puedas llevar a cabo.
11. Haz una lista de las cinco mejores cualidades positivas de tu pareja.
12. ¿Qué áreas de crecimiento personal te interesa explorar?

CAPÍTULO **NUEVE**

CONVERSACIONES DIFÍCILES

(CÓMO GANAR TODAS LAS PELEAS)

El conflicto en las relaciones es inevitable. No importa lo conectado que te sientas con tu amorcito, son dos seres independientes y autónomos, y sus necesidades, deseos y opiniones respecto a qué película ver van a ser distintos de vez en cuando. No puedes evitar las discusiones y no deberías quererlo. Atravesar el conflicto, involucrarte en disputas productivas, practicar las concesiones y aprender a escuchar sin sentirte del todo provocado es una parte esencial de cada relación exitosa y otra forma en la que el trabajo que hacemos en las relaciones puede ayudarnos a crecer y sanar a nivel personal.

¿No estás de acuerdo?

¿Quieres pelear al respecto?

Te DESTRUIRÉ.

Y con eso me refiero a que seré tan ecuánime y dedicado a la meta de resolverlo que no permitiré que conviertas esta discusión en una batalla de tres días sobre quién puede ignorar mejor al otro.

¿Me vas a gritar? Te pediré amablemente que te detengas y te haré saber cómo me hace sentir eso.

¿Estarás a la defensiva? Seré compasivo respecto a la forma en que percibiste algo como un ataque.

¿Invalidarás mi experiencia? Te recordaré que está del todo bien si nuestras perspectivas sobre lo mismo son diferentes.

Al principio, mi actitud tranquila hará que quieras golpearme en la garganta (mi coautora está asintiendo), pero al final nos estaremos abrazando como profesionales (OKEY, ahora está sacudiendo la cabeza de lado a lado de forma frenética, pero quizá solo tenga agua en el oído).

Pelear no es una *red flag*. La ausencia total de conflictos es inusual y puede ser indicativo de que uno o ambos miembros de la pareja podrían no estar expresando sus necesidades.

Dicho eso, hay un abismo entre tener desacuerdos acalorados pero sanos, y librar largas y demoledoras batallas que generan heridas y resentimiento. También es importante realizar el trabajo luego de la pelea para reconectar y reparar la relación.

En este capítulo, te daré un plan efectivo que puedes aplicar a muchas de las pequeñas (o grandes) discusiones comunes que las parejas tienen y te mostraré la forma de volver a ponerte de pie más fuerte que nunca.

No voy a endulzarlo. Ser tan asombroso como yo para las pelas es una habilidad, y hace falta practicar. Se han escrito libros enteros únicamente sobre el tema de manejar el conflicto y los desacuerdos en las relaciones, pero ya que solo tengo un capítulo (por ahora... *Todo comienza en el ring*, disponible en otoño de 20...), comencemos.

Para empezar, voy a decirte lo mismo que le digo a mis pacientes durante la terapia de pareja: no esperes que yo esté de tu lado. El único lado que voy a tomar es el de la relación.

Es una gran frase, un clásico terapéutico.

Pero es un poco deprimente.

¿Tenías la esperanza secreta de que uniera fuerzas contigo y te diera los códigos para triunfar sobre tu amorcito que sí, es una lindura, pero también está muy PERO MUY equivocado? Tiene sentido.

No obstante, cuando aprendes a manejar el conflicto de manera más productiva, el gran ganador es LA RELACIÓN, no solo tú a nivel individual.

Una de las primeras cosas que hago cuando una pareja pelea durante la terapia es recordarles que se aprecian y aman el uno al otro. Y sí, es irritante, gracias por preguntar. Pero ¿alguna pelea terminó alguna vez con alguien diciendo: «¿Sabes qué? Creí que tenía la razón, pero la forma en que insististe sin tregua sobre cuán equivocado estoy me iluminó, y ahora estoy completamente de acuerdo con tu versión de los eventos. ¡Perdón por ser tan idiota!»?

Nop.

Así que dejen de ser idiotas, porque luego de esta pelea aun van a querer ser capaces de verse a los ojos, ¿cierto?

El problema no *es* pelear, sino *cómo* pelean, lo cual nos lleva a uno de los principios más importantes del conflicto sano...

INTENCIÓN VERSUS IMPACTO

Cuando estás en medio de un desacuerdo importante con tu amorcito, puede ser difícil tener perspectiva y empatía. Ayuda recordar que te juzgas a ti mismo con base en la *intención* detrás de tus palabras y acciones, mientras que juzgas a los demás por el *impacto* que sus palabras y acciones tienen en ti.

Aquí hay un ejemplo: pasas semanas planeando una cena sorpresa extravagante por el cumpleaños de tu amorcito. El plan es tan elaborado que vienen amigos de fuera de la ciudad, las fotos se incluirán en una presentación estilo «esta es tu vida», y pasarás todo el día cocinando. Pero en la gran noche, su reacción es más de consternación que de deleite.

Tú no tenías ni idea de que odia las sorpresas porque el tema nunca surgió. Pero incluso si este no es el cumpleaños de sus sueños, ¿no podría ver todo el empeño que pusiste en esta maldita fiesta?

¿Quién está siendo un cretino aquí?

Si bien estoy seguro de que fue la mejor fiesta de la historia, lamento informarte que tus buenas intenciones no importan.

No fue tu *intención* hacer que esa persona se sintiera incómoda, abrumada o bajo el reflector. No obstante, tus acciones *impactaron* a tu pareja de forma negativa, y eso es algo de lo que debes hacerte responsable.

«El camino hacia el infierno está pavimentado con personas que planean fiestas sorpresa».

Un famoso proverbio que cité sin error alguno.

Millones y millones de peleas incluyen alguna variación de la frase «¡Pero mis intenciones eran buenas!» o también: «¡No era mi intención!» o «Lamento que ______________________».

Me encanta que tuvieras buenas intenciones. No eres una persona cruel llena de basura. ¡Felicidades!

Pero el razonamiento «Tenía buenas intenciones» ya merece la jubilación. No es válido y quita la atención de la persona cuyos sentimientos están heridos.

Tus buenas intenciones solo pueden ser reconocidas luego de que te hagas responsable por el impacto que tuviste en tu pareja. Si no eres capaz de hacer eso, terminarás en una pelea donde tú estarás defendiendo tus intenciones repetidamente mientras tu pareja intenta hacerte entender lo mal que la hiciste sentir, y ambos acabarán más frustrados que al inicio.

Ni siquiera la persona más consciente y empática puede controlar la forma en que sus acciones y palabras impactarán a los demás. El truco es reconocer cuando la intención no coincide con el impacto que tuvo tu conducta, y entonces escuchar, aprender y hacerlo mejor en el futuro.

Puede que haga falta practicar, pero esta es una forma simple de comenzar a desarmar tus reacciones inmediatas:

En vez de: «No tenía la intención de lastimarte».

Intenta: «Lamento haberte lastimado».

En vez de: «Lamento que te sientas así».

Intenta: «Lamento haberte lastimado».

En vez de: «Lo estás tomando del modo equivocado».

Intenta: «Lamento haberte lastimado».

En vez de: «Es la última vez que hago algo lindo por ti».

Intenta: «Lamento haberte lastimado».

En vez de: «Estás exagerando».

Intenta: «Lamento haberte lastimado».

Ya vas haciéndote una idea. Solo porque agregas «lamento» a tu enunciado no se convierte en una disculpa. Sí, decir «lo siento» es importante, pero agregar un montón de salvedades para quitarte la responsabilidad y culpar a tu pareja es inadecuado. El punto es que te tomes un segundo en el momento en que una pelea se está gestando para dar un paso fuera de tus propias emociones, con el fin de reconocer el impacto de tus palabras o acciones y validar la experiencia de tu pareja. Ya podrás lidiar después con quién tuvo la culpa (*spoiler alert:* ¡en general no importa!).

Tómate un segundo en el momento en que una pelea se está gestando para dar un paso fuera de tus propias emociones, con el fin de reconocer el impacto de tus palabras o acciones y validar la experiencia de tu pareja.

NO TE PROYECTES EN TU PAREJA

¿Recuerdas que averiguamos que tus padres, el capitalismo y Hollywood tienen la culpa de todos tus problemas de intimidad? ¡Eso fue divertido!

Me encantaría creer que los capítulos sobre por qué eres un desastre sacaron a la luz tus problemas de relaciones pasadas y sanaron tus heridas de la infancia, pero no me voy a engañar. Y tú tampoco deberías.

La mierda durmiente saldrá de su hibernación en cuanto perciba el aroma de la debilidad. Por ejemplo, la vulnerabilidad, el miedo y la ira que tienden a inundarnos cuando peleamos. Y cuando te das cuenta, estás parado en medio del supermercado y lo que comenzó como un debate saludable sobre qué taza de café es la correcta —la de gatos o la de «Live, Laugh, Latte»— termina con la acusación contra tu pareja de que todavía le gusta su ex.

Cuando las cosas se calientan, es más importante que nunca entender por qué reaccionas con tanta fuerza a ciertas situaciones. Si tienes acceso a ella, la terapia puede ayudarte mucho.

Pero con tan solo mantener la conciencia básica de cómo influyeron en ti el mundo, tu familia y tus relaciones pasadas podrás entender por qué te sientes tan molesto, e identificar las formas en que tu reacción es desproporcionada en relación con aquello que la desencadenó.

Por ejemplo, esa vez que tu ex te dejó por *su* ex, y tú lanzaste tu taza de café (esa taza de Garfield que atesorabas, claro) al suelo de la cocina, haciéndola añicos junto con tus sueños de una relación duradera con ese pedazo de basura. Entonces, que se jodan las tazas, ¿verdad?, y los lunes (pero la lasaña es *cool*).

Una de las mejores cosas de pelearse con la pareja es que brinda grandes oportunidades para trabajar en estas cosas.

Digamos que estás al tanto de que tus problemas de abandono surgieron por tu padre, quien se divorció de tu madre y dejó a la familia cuando tenías ocho años. Ahora, cada vez que peleas con tu pareja, quien te pide espacio cuando las cosas se calientan, se activa ese miedo porque hay una parte de ti que teme que te abandonen... así como lo hizo tu padre en tu niñez, y quizá como lo hicieron otras parejas románticas cuando las cosas se pusieron difíciles en el pasado.

En vez de comenzar una pelea respecto a lo poco razonable que es tu pareja por crear un límite y pedirte espacio, intenta hacerle saber, de forma vulnerable y honesta, que es probable que estés proyectando todos los temores de abandono cuando te piden estar a solas por un rato.

Y, ¡mira eso! Acabas de crear un momento de sanación. Tanto para ti como para la relación.

Si tiene la capacidad emocional, es muy probable que tu pareja tenga más intención de quedarse contigo en esos momentos una vez que entiende lo que hay detrás de tu reacción extrema. O, si necesita el espacio para tranquilizarse (lo cual es justo), también puede hacer algo que te haga sentir amor y comprensión, como especificar con exactitud cuánto tiempo se irá o mandarte mensajes con regularidad.

Este es un gran ejemplo sobre cómo el conflicto sano es parte de las relaciones exitosas y enriquecedoras: es una oportunidad de fortalecer tu vínculo y comenzar a reprogramar algunos de esos desgastados caminos neuronales que tu tonta familia intentó arruinar, lo cual hará que, con el tiempo, proyectes menos.

FURIA CONTRA EL SISTEMA (RARA VEZ SE TRATA DE LOS PLATOS SUCIOS)

En casi todas las relaciones, hay un momento en el que uno de sus miembros estalla por algo objetivamente poco importante, pero ¿por qué ocurre? Es porque la cosita que causa el estallido simboliza un problema más profundo, uno del que podrías no estar completamente al tanto.

Hemos tratado de evitar hablar sobre géneros en lo posible, pero hay algo que debe decirse: históricamente, en las relaciones heterosexuales tradicionales, las mujeres han llevado una carga desigual. Es obvio, ¿verdad? Pero incluso para los más progresivos, feministas y desarrollados, estas ideas están tan arraigadas en la cultura que pueden manifestarse en formas pequeñas e insidiosas, que con el tiempo desembocan en grandes resentimientos.

Esto se hace presente de muchísimas formas, pero las dos más grandes a las que se debe prestar atención son:

Inequidad de responsabilidades. Cuando un miembro de la pareja (generalmente la mujer) lleva una parte desproporcionada de las labores de la cocina, la limpieza, la planeación, el cuidado de las mascotas y otras responsabilidades, en algún momento habrá una pelea.

Trabajo emocional. Por defecto, a menudo las mujeres son encasilladas en el papel de cuidadoras emocionales en la relación, y son responsables de gestionar de manera constante el bienestar emocional de los miembros de la pareja (para más información, busca *El método Fair Play para las tareas domésticas*, de Eve Rodsky). Sorpresa: esto puede generar amargura y resentimiento.

Si se encuentran en una serie de peleas que giran en torno al tema general de quién lleva la carga emocional y física y quién no, tómense el tiempo para considerar si los roles de género tradicionales y obsoletos son la causa de sus desacuerdos.

Primero, si no lo has hecho aún, piensa individualmente en tus valores en esta área, cuáles son tus límites y el papel que estás dispuesto a desempeñar en la relación.

Cuando estés listo, ten un diálogo abierto con tu pareja para que cada uno comunique sus sentimientos y preocupaciones en una discusión libre de juicios.

Después, redistribuyan las responsabilidades. Trabajen juntos para crear un plan que sea justo para ambos. Para maximizar el éxito, manténganse flexibles y dispuestos a adaptarse cuando las circunstancias externas cambien.

Por último, el patriarcado es real. Haz tu parte para desmantelarlo tomando decisiones conscientes que desafíen estereotipos sociales tanto en pensamiento como en acción. Y si eres uno de esos tipos que dice: «Pero yo no veo sucia la casa, y no tengo problemas con pedir comida a domicilio, así que es decisión de ella...», ¡despierta, *bro!* Hazte responsable. De hecho, hazte más que responsable, aunque probablemente siga sin ser suficiente (te amo, *bro*... pero sabes que es verdad).

OBJETIVO, SU SEÑORÍA

Infinidad de peleas giran en torno a alguna variación de: «¡Esto es lo que *de verdad* pasó!» contra «¡¿Es broma?! ¡*Esto* es lo que pasó!».

¡Me complace informar que ambos están equivocados!

O, mejor dicho, la «verdad» no importa. De hecho, en una pelea no hay verdad objetiva, solo hay dos verdades subjetivas.

Al igual que con la intención y el impacto, lo único que importa es la respectiva experiencia subjetiva de cada uno, y si no puedes validar la de tu amorcito, sin importar que pienses que entendió «mal» las cosas, solo vas a conseguir tener pelas largas y miserables que no se pueden ganar.

No existen los esfuerzos desperdiciados en la búsqueda de una relación significativa.

Durante una discusión, la tentación de corregir a tu pareja respecto a cada cosita en la que crees que se equivoca es muy muy fuerte. Es fácil perder de vista el panorama cuando te enfocas en los detalles «verificables». Lo entiendo. ¡De verdad! No hay nada más satisfactorio que poder sacar el teléfono y presentar pruebas irrefutables de que:

—Bueno, de hecho, no enviaste el mensaje sino hasta las 5:01, no «ANTES DE LAS CINCO» como insistes, ¡¿OKEY?!

Resiste. Porque cuando se trata de los conflictos cotidianos que surgen en relaciones saludables, no importa, y no te harás ningún favor. (Nota: Esto no aplica a conductas o acciones que violan límites establecidos).

Sí, es algo difícil, y puede parecer casi imposible en el momento. En la película de tu vida, eres el personaje principal, incluso el héroe, y tienes acceso a la repetición toma a toma en cámara lenta, justo en tu mente. Si tan solo pudieras lograr que tu pareja viera los HECHOS como tú sabes que ocurrieron, sin duda estaría de acuerdo con tu punto de vista, rogaría por tu perdón y la discusión terminaría.

Mmm, no. ¡Lo siento! Nunca va a pasar.

La única forma de abrirte paso por esta situación es partir desde un lugar donde reconozcas que la existencia de dos verdades distintas no solo es una posibilidad, sino una certeza. En vez de solo enfocarte en tu propia historia —esa donde eres la valiente estrella del *show*, portadora de la verdad—, intenta hacer espacio para la propia narrativa de tu pareja.

Tómate un minuto. Cuenta hasta diez. Pregúntate qué intentas obtener de esta discusión y vuelve a la interacción desde la curiosidad.

GASLIGHTING

El término *gaslight* proviene de la película homónima de 1940, en la cual Charles Boyer manipula a Ingrid Bergman para que crea que está enloqueciendo. Excelente película si te gustan los *thrillers* psicológicos y la bella y joven Angela Lansbury (DEP, Reina Todopoderosa), pero en la vida real, es una técnica nada buena y abusiva usada para manipular, rechazar responsabilidades y ejercer control. Algunos ejemplos de frases que ilustran este acto son:

«No necesitas saber eso. No es importante».

«Nunca dije eso. Estás imaginando/oyendo cosas. Lo recuerdas mal».

«Tú me obligaste a hacerlo. Tú eres quien tiene el problema».

«Oye. Estás exagerando demasiaaaaado. No es algo taaaaaan importante».

¡¡Guácala!! Entonces, sí, la «verdad» una discusión puede ser subjetiva, pero si tu pareja se niega constantemente a considerar tu perspectiva, refuta repetidamente tu experiencia o te dice que tus reacciones están equivocadas o son irracionales, estás sufriendo *gaslighting*. Esto no ocurre una sola vez y, con el tiempo, puede agotarte y afectar tu salud mental. Mantente firme en tu verdad, pide ayuda externa si la necesitas, y sé consciente de que ESTÁ BIEN si decides alejarte.

RELÁJATE

En el candor de una pelea, puede ser casi imposible reconocer cosas como la intención y el impacto, o las verdades subjetivas.

¿Por qué? Porque estás enojado y probablemente un poco asustado, incluso si no puedes identificar el sentimiento del miedo. Estás a la defensiva, reaccionando sin pensar, no estás en el «mejor» momento para escuchar, y quizá no estés del todo presente en la situación. Incluso si tu mente no es consciente de ello, estás repleto de emociones y recuerdos del pasado. No ves las cosas con claridad y no tratas a tu pareja con respeto y cuidado. No estás en calma. Eres lo opuesto a estar en calma.

En resumen, te sientes provocado.

Está bien. No hay nada de malo en ti. Como ya lo discutimos, todos pueden sentirse provocados, incluso yo mismo. ¿Quieres que pierda la cabeza en una pelea? Solo dime que me estoy comportando como mi hermana.

No se trata de no sentir provocación. Se trata de notar *cuando* te sientes provocado, tener empatía y compasión por ti mismo, y apartarte de la discusión hasta que hayas tenido oportunidad de tranquilizarte.

Solo es posible continuar la discusión cuando ambos están del todo presentes y en un estado que los terapeutas llamamos «mente sabia». La mente sabia es un gran lugar. Cuando estás en él, puedes respetar perspectivas múltiples, admitir aquello en lo que pudiste haberte equivocado, escuchar lo que tu pareja dice y hacerle saber de forma reflexiva lo que tú escuchaste. También puedes sentarte para recibir retroalimentación, que podría ser difícil de escuchar. Estás abierto a ser influido y eres capaz de pedir ayuda si te sientes abrumado o frustrado.

Sabes que estás en tu mente sabia cuando no sientes que *debes* defenderte, te sientes seguro emocional y físicamente, y estás bien afianzado en lo que quieres y te preocupas por tu amorcito.

Espera a hablar de los temas difíciles hasta tener el espacio mental y emocional para hacerlo de forma productiva. Y una vez que estés ahí, ¡es hora de meterte en esa mierda y resolverla!

PRACTICA ESTO CUANDO TE SIENTAS PROVOCADO

- **Ve a caminar.** El movimiento y el cambio de panorama pueden hacer maravillas en una mente agitada.
- **Escucha música.** Afianzarte en cualquiera de los cinco sentidos es útil, pero la música puede ser particularmente relajante.
- **Resuelve un crucigrama o haz algo de matemáticas.** Activar una parte diferente y menos emocional de tu cerebro puede servir como un potente reinicio.
- **Enfócate en tu respiración.** Reducir la velocidad y concentrarte en inhalaciones y exhalaciones profundas puede afianzarte en el momento y recordarle a tu cerebro de cocodrilo que está a salvo.
- **Llama a un amigo.** A veces solo necesitas desahogarte con otras personas diferentes a tu pareja.

HAZ TU BASURA A UN LADO (CUANDO NO QUIERES HACERLO)

Muy bien, pero ¿cómo tener una pelea productiva que lleve a una resolución sana?

La manera más rápida de resolver una discusión consiste en que uno hable sobre cómo se siente —de preferencia de una forma que no sea un ataque a la otra persona— mientras el otro se sienta, escucha y luego valida su experiencia.

Y luego cambian de lugar.

Eso es básico.

Pero también es muy di-fí-cil (*habla como Kardashian*).

Porque, como ya hemos visto, cuando tu amorcito se expresa, te sientes atacado y el impulso de defenderte o corregirlo es fuerte.

Comiencen por decidir quién va a hablar de su experiencia emocional primero. Cuando no es posible llegar a un acuerdo, siempre les digo a mis pacientes que comienza quien haya expresado la queja originalmente.

La primera regla es que tienes que hacer tu mejor esfuerzo para hablar sobre tu experiencia emocional en vez de enfocarte en por qué tu pareja es un idiota, lo cual puede ser difícil si se comporta como un verdadero pedazo de basura.

Intenta usar la estructura: «Sentí ________________ cuando tú ________________». Es todo un éxito.

Y no intentes decir: «Sentí enojo cuando tú fuiste un completo imbécil», lo cual siempre es divertido —lo admito—, pero sé específica respecto a lo que hizo y no recurras a insultos.

Debería parecerse a esto: «Sentí enojo cuando me dejaste sola en la fiesta toda la noche» o «Me sentí insegura cuando te mensajeaste con tu exnovia» o «Me sentí abandonada cuando no pude encontrarte al final de la noche».

¿Tu pareja fue un maldito imbécil por dejarte sola en la fiesta, pasar el rato con su ex o largarse sin avisar? Digo, me encantaría escuchar su lado de la historia porque no luce bien. Pero tu meta es expresar tu experiencia emocional con la esperanza de que tu pareja pueda entender cómo te sientes.

Su trabajo es expresar, con sus propias palabras, lo que experimentaste para que puedas sentir que te escucha y te entiende. Con el fin de lograr esto, necesita **escuchar** lo que dices y cómo te sientes. Debe entrar en contacto con el dolor que sientes. Debe evitar defenderse, incluso si piensa que no estás recordando bien las cosas. No se trata de saber quién recuerda qué, sino de abandonar la «verdad objetiva» y aceptar que hay dos verdades subjetivas igualmente válidas.

Deberías escuchar algo así:

—Cuando llegamos a la fiesta y me fui directo con mis amigos, sentiste enojo y decepción. Luego, cuando estaba tonteando con mi ex, sentiste celos de nuestra conversación y conexión. Y para colmo, cuando querías irte porque no te estabas divirtiendo, no me pudiste encontrar porque estaba afuera poniéndome al día con mis amigos, lo que te hizo sentir que no eres importante y que no me preocupo por ti. Eso de verdad es horrible, y entiendo por qué te molestaste tanto.

El punto de esto es que pueda entender tu dolor, experimente la cantidad apropiada de culpa y muestre remordimiento genuino (sí, incluso si no está de acuerdo). Cuando eso ocurra, sentirás que de verdad te ve, lo cual causa mucho alivio. Y no lo olvides, una vez que haya terminado tu turno, tu pareja puede hablar de su experiencia, y tienes que escuchar y empatizar, lo cual es mucho menos divertido. Pero ¿recuerdas lo cálido y suave que se sintió cuando tu experiencia emocional fue validada? Quieres que tu pareja sienta lo mismo, ¿verdad?

Y quizá pienses: «No es posible que este tipo tenga una historia razonable respecto a lo que pasó esa noche. Es obvio que está equivocado». Si esos pensamientos están flotando en tu mente, es natural, pero esfuérzate de verdad por dejarlos ir. Ofrece la misma oportunidad que recibiste.

Tu pareja podría decir algo como:

—Cuando llegamos a la fiesta, sentí incomodidad y ansiedad, así que me dejé rodear por mis amigos, como lo haría normalmente, pero me olvidé de ti. Y luego cuando mi ex me acorraló, me sentí obligado a hablarle porque no tenía compañía y no quería herir sus sentimientos. Al final de la noche, me presionaron para jugar *beer pong* y perdí la noción del tiempo por completo.

¿Esa historia justifica su comportamiento? Nah. Te decepcionó. ¿Es una disculpa? Otro no para eso también, así que nuestro trabajo todavía no termina. Pero sí ofrece contexto, y la forma en que se expresó demuestra que sabe que lo que hizo no fue maravilloso.

Repite lo que compartió. Confirmar su experiencia hará que se sienta mejor y servirá para que ambos se sientan más cercanos. Y ahora tienen un nuevo conocimiento importante que llevar con ustedes a medida que sigan asistiendo a fiestas y eventos sociales juntos. Eso podría lucir así:

—Muy bien, escucho lo que dices respecto a sentir ansiedad y volver a tus viejas estrategias de soltería. La próxima vez hagamos un plan antes de salir.

Puedes tomar otro turno si lo quieres, siempre y cuando tengas la disposición de permitirle a tu pareja hacer lo mismo. Repítanlo tanto como haga falta, tomando descansos cuando sea necesario (en caso de que estés abandonando tu «mente sabia»), hasta que ambos se sientan escuchados y comprendidos.

Y todo lo que queda por hacer es decir lo siento.

CONCESIONES: ES DE LO PEOR, ¡PERO HAZLO DE TODOS MODOS!

Tú, probablemente: «Ah, genial. ¿Nadie gana? Paso».

TherapyJeff: «¡Error! ¡La relación gana!».

Tú, probablemente: murmuras algunos improperios vagamente insultantes y apenas audibles.

TherapyJeff: «Disculpa, ¿qué dijiste? ¿Dijiste que quieres cavar una trinchera, no ceder ni un centímetro y sentarte a solas en el gélido lodo de la santurronería? No escuché muy bien».

Tú, probablemente: te cruzas de brazos y frunces el ceño mientras miras el piso.

TherapyJeff: «¿O dijiste que quieres dar concesiones porque en realidad es la única opción si quieres ser parte de una relación sana, amorosa y con buen equilibrio de poder?».

Tú, probablemente: suspiras con fuerza y asientes de forma casi imperceptible.

ESQUEMA DE UNA DISCULPA

Una disculpa sincera es simple, sencilla y muy muy efectiva. No obstante, puede parecer casi imposible tras una pelea.

¿Mi mejor recomendación? ¡Supéralo! Di que lo sientes de forma directa y deja de permitir que tu estúpido ego lo arruine todo. Cuando haces algo que hiere a tu amorcito, deberías disculparte siempre, sin excepción. Citando las inmortales frases de la Sra. Nike: «Solo hazlo, bebé».

Y no lo compliques. Una disculpa exitosa solo tiene cuatro componentes:

- ✧ **Responsabilidad.** «Te abandoné en la fiesta y pasé más tiempo hablando con mi ex que contigo». Solo los hechos, por favor: Di aquello que hiciste que hizo sentir mal a tu amorcito. Olvida el contexto (que sentías más comodidad con tus amigos y te sentías mal por tu ex), no edites y no des excusas (que sufres de ansiedad social y te perdiste en el momento).
- ✧ **Empatía.** «Te hice sentir abandonada, herida, confundida y enojada». No hace falta escribir una novela. Nombra los sentimientos que sintió tu pareja, tal como te los transmitió, y continúa.
- ✧ **Decirlo.** «De verdad lamento haberte herido. Me siento horrible por decepcionarte. Ese no es el tipo de pareja que quiero ser». La clave de decir que lo sientes es DECIRLO, expresar remordimiento genuino, sin robarte la disculpa, y hacer que trate sobre lo culpable que TÚ te sientes.
- ✧ **La próxima vez voy a...** «La próxima vez que vayamos a una fiesta voy a asegurarme de consultarte a lo largo de la noche

para saber si te la estás pasando bien». Di lo que vas a hacer diferente si esta situación vuelve a surgir, y que sea en serio. No quieres repetir la misma pelea, ¿o sí? Piensa en todas las cosas más interesantes por las que podrían pelear. No te limites a esta estúpida pelea. Que tu solución futura sugerida sea simple y fácil de recordar e implementar, y si tu pareja tiene otras sugerencias sobre cómo abordar una posible repetición del problema, escucha su retroalimentación.

¿Siempre tiene que disculparse alguien después de una pelea? ¡Nop! No hay una ley que diga que debes disculparte, y a veces una disculpa forzada solo para mantener la paz puede crear resentimientos subyacentes que dañan más de lo que ayudan. Entonces, ¿cómo se supone que continúen cuando nadie lo lamenta? Bueno, ¿podría sugerirles acordar no estar de acuerdo?

Acordar no estar de acuerdo; es una herramienta poco usada en las relaciones, pero eso podría deberse a que es difícil usarla. Como la expresión lo indica, **ambos** deben estar de acuerdo. No puede ser solo uno quien arroje los brazos al aire y grite «Bueno, ¡supongo que tendremos que acordar no estar de acuerdo!», para luego salir corriendo.

El arte de acordar no estar de acuerdo verdaderamente se halla en el respeto mutuo. No consiste en quién está bien o mal, sino en reconocer que existen diferentes perspectivas y sentimientos, y eso está bien. Primero, cada persona debe escuchar de forma genuina a la otra, tratar de entender sus motivos y, después, reconocerlos sin juicios. Si parten desde el amor y el entendimiento, esta puede ser una forma hermosa de terminar una discusión.

REPORTE TRAS LA PELEA

Llegar al final de una pelea no es algo fácil. Tal vez ambas partes se sientan un poco lastimadas, por lo que es importante ser gentil con uno mismo y con el otro. Es difícil estar en la incomodidad de un conflicto. Felicidades por superarlo.

La parte más importante de una pelea es reconectar cuando termine. Quizá puedan hacer algo ligero que ambos disfruten, como ver una película, preparar la cena juntos o cualquier otra idea menos dolorosamente básica.

Tras una pelea, puede ser útil tener una pequeña sesión de reporte, si pueden tolerarla. Esperen un día o dos, y, cuando estén en un espacio de apertura emocional, retomen el tema para hacerse algunas de estas preguntas el uno al otro —las que les resulten más relevantes en el momento—:

1. ¿Por qué crees que ocurrió esta pelea?
2. ¿Sientes que entiendo lo que te molestó en primer lugar?
3. ¿Sientes que me hice responsable de la forma en que te herí?
4. ¿Tienes algún resentimiento que te gustaría mencionar?
5. ¿Estabas pensando en alguien más mientras peleábamos, tal vez un familiar o una expareja?
6. Si este problema vuelve a surgir, ¿en qué aspectos te gustaría que fuera más considerado?
7. ¿Cómo puedo ayudarte a sentir más seguridad emocional la próxima vez que peleemos?
8. ¿Sientes que entiendes mi perspectiva?
9. ¿Piensas que esta pelea es parte de un patrón más grande del que podríamos ser más conscientes?

10. ¿Hubo algo que hice o dije durante la pelea que pareció rebasar los límites?

11. ¿Sabes cuánto te amo y te aprecio?

Si tienen problemas para tranquilizarse y reconectar tras una discusión, o si rutinariamente terminan las peleas llenos de ira y desprecio, lo mejor será que sigan practicando las habilidades para las peleas. Si bien es normal en dosis pequeñas, esos sentimientos se acumularán, se pudrirán y se volverán tóxicos con el tiempo.

La buena noticia es que sin duda tendrán más oportunidades. Porque las peleas no se van a terminar pronto, y pueden tener muchas más a lo largo de su vida. ¡Qué suertudos!

Ya en serio, sortear el conflicto juntos, con cariño y vulnerabilidad, hará más profunda su conexión y se sentirán más cerca que nunca. Invierte un poco de tiempo respondiendo las siguientes preguntas.

No me voltees los ojos. Puedo pelear contigo.

1. ¿Te esfuerzas por evitar el conflicto en tus relaciones, al grado de no hablar sobre tus necesidades?

2. ¿Consideras que la forma en que tu pareja maneja el conflicto es generalmente productiva o poco productiva? ¿Terminan las discusiones heridos y resentidos o más conectados que nunca?

3. ¿Es frecuente que te arrepientas de tus palabras o conductas tras una pelea? Intenta escribir exactamente lo que te gustaría cambiar.

4. Piensa en una discusión que haya surgido de la desconexión entre intención e impacto. ¿Cómo reaccionaste?, ¿cómo lo hizo tu pareja? ¿Qué podrían haber hecho diferente para reconocer el impacto que sus palabras o acciones tuvieron en ambos?
5. Piensa en ejemplos específicos en los que hayas proyectado experiencias pasadas en tu pareja actual (todos lo hacemos). Anotarlos puede ayudarte a reconocerlos en el momento, lo que te dará la oportunidad de expresar tu experiencia auténtica y vulnerable antes de que las cosas se compliquen.
6. ¿Es frecuente que te molesten cosas insignificantes y tengas peleas regulares por ellas? ¿Puedes dar un paso atrás para identificar lo que ocurre en realidad?
7. ¿Apoyas la idea de que siempre hay una única verdad objetiva? ¿Cómo funciona eso para tu relación? ¿Qué pasaría si hicieras espacio en tu sistema de creencias para incluir experiencias subjetivas diferentes?
8. Menciona dos herramientas o acciones que usarás para tranquilizarte cuando un conflicto te haga sentir provocado.
9. ¿Tu pareja o tú tienen problemas para conectar con su «mente sabia» en el calor de una discusión? ¿Les es difícil dar y tomar el espacio necesario para conectar con ella?, ¿qué podrían hacer de forma diferente para lograrlo?
10. Piensa en una pelea reciente con tu pareja que no terminó bien. Ahora imagina su desarrollo si usaras el esquema «Sentí ______________ cuando tú ______________». ¿De qué forma habría cambiado?
11. Escribe tres ejemplos de disculpas que incluyan los cuatro componentes esenciales. De ser posible, usa discusiones reales que hayas experimentado.

12. Después de una pelea, ¿tu pareja y tú tienen sesiones de reporte de forma regular? De ser así, ¿cuál es el resultado? De no hacerlo, ¿pueden comprometerse a intentarlo la próxima vez?

CAPÍTULO **DIEZ**

EL SEXO

(COMIENZA LA MÚSICA SENSUAL)

La vulnerabilidad —una palabra que hace que muchos de mis nuevos pacientes sientan grima hasta el cansancio— es un estado de completa honestidad y autenticidad emocional. Cuando eres vulnerable con tu pareja, le permites ver, escuchar y entender tus sentimientos, pensamientos, necesidades, deseos e inseguridades, incluso aquellos que te aterra expresar en voz alta. Sí, incluso **ese**.

La doctora Brené Brown (puede que la conozcas por la conferencia TED favorita de tu mamá) ha realizado una extensa investigación para disipar el dañino mito cultural de que la vulnerabilidad es una debilidad. Ella (y muchos otros) argumenta que en realidad es un acto de valentía extrema.

¡Estoy totalmente de acuerdo! Cuando eres vulnerable, estás expresando las necesidades y deseos de tu versión más profunda y auténtica, lo cual te deja abierto al rechazo y al dolor. ¡Es un acto increíblemente valiente!

Practicar la vulnerabilidad en una relación es fundamental. Mucho de lo que hemos abordado en el libro hasta el momento tiene la intención de enseñarnos formas de hacer de la vulnerabilidad un hábito. Compartir todos los aspectos de tu versión auténtica crea confianza, profundiza las conexiones y crea lazos fuertes y sanos.

Entre más lo haces, incluso cuando no es cómodo, más sencillo se vuelve, en especial cuando recibes cariño y comprensión por parte de tu pareja.

El sexo es una de las cosas más vulnerables que puedes hacer con otra persona. Exponerte físicamente puede hacerte sentir cohibido e incómodo. La intimidad emocional que acompaña la apertura respecto a tus deseos puede ser intensa y abrumadora. El miedo al rechazo, la posibilidad de activar experiencias traumáticas pasadas, la ansiedad por el desempeño y la posibilidad de sufrir dolor emocional están muy presentes al momento de tener sexo.

¿Ya te excitaste?

No es por dirigir DE NUEVO la atención hacia tu mamá (y para colmo en el capítulo sobre sexo), pero cuando te dijo que el sexo debería ser algo que ocurre entre dos personas que se aman y se preocupan la una por la otra, no estaba del todo equivocada. En este caso, «amor» significa «confianza en que no pisotearán tu vulnerabilidad».

En este espacio, somos positivos respecto al sexo. No hay absolutamente nada de malo en practicarlo con la preciosura que acabas de conocer durante la noche de preguntas sobre cultura general. Pero sin importar cuánto planees nunca volver a ver a esa persona de nuevo, sigue siendo un acto de vulnerabilidad. Y cuando tienes sexo de forma regular con la misma persona (digamos, con la pareja con la que tienes una relación de compromiso), puede ser todavía más vulnerable.

Hay dos razones por las que es así:

1. Conforme trabajan para definir en conjunto cómo será su vida sexual a largo plazo, no se pueden evitar las conversaciones vulnerables.
2. Conforme avanza la relación, no es raro que surjan problemas de compatibilidad sexual. Repito: No es raro.

En una nueva relación, a menudo la química, la novedad y todas esas hormonas placenteras son lo bastante poderosas como para reprimir cualquier reto que surja en torno al sexo. Pero conforme tu amorcito y tú se sienten más comprometidos, asentados y enamorados, de pronto comienzan los problemas en la cama.

¿Es injusto? ¡Sí! Pero el sexo no tiene que anunciar la muerte de la relación si estás dispuesto a ser creativo y a forjar tolerancia para las conversaciones vulnerables (lo cual, por cierto, te ayudará en todas las áreas de tu vida). Si eso suena como algo que arruinará tu ánimo, ¡se vale! Ser vulnerable respecto al sexo es una de las cosas más duras (¡ja!) que puedes hacer. Pero abrirte paso por esa resistencia automática del tipo «No, gracias, odio esto» no solo mejorará tu ánimo, sino que reforzará la relación.

No existe una definición de «buen sexo»; puedo confirmar que se trata de un blanco móvil. De modo que, incluso si piensas *TherapyJeff, puedo saltarme este capítulo porque soy un(a) perfecto(a) Dios/Diosa/Entidad Divina de cualquier género*, te pido que sigas leyendo.

Todos los cuerpos son diferentes y cambian. Las habilidades de primera clase que desarrollaste con una pareja anterior podrían ya no aplicar. Acepta el hecho de que a veces tus muy increíbles movimientos sexuales no funcionarán como quieres que lo hagan.

El buen sexo se trata de experimentar, de probar y de aprender a través del error. Para mantenerlo también hace falta vulnerabilidad extrema; compartir fantasías, deseos y perversiones creativas no es fácil para todos.

El sexo, por naturaleza, llevará a momentos inesperados e incómodos, por lo que la comunicación es fundamental. Y también es bueno tener sentido del humor.

En este capítulo, te daré algunas formas simples para que sientas más comodidad al ser vulnerable y hablar de tus necesidades y líneas rojas. Cubriremos problemas sexuales comunes, incluido el frecuente reto de las libidos que no coinciden, ¡lo cual es superirritante porque el sexo debería funcionar y ya! ¡Es broma! No debería «funcionar y ya», y si piensas que debería «funcionar y ya», entonces te estás perdiendo muchas oportunidades para tener charlas sexuales extrañas e incómodas... que podrían dar pie al mejor sexo de tu vida. También cubriremos el desagradable asunto de la infidelidad: qué implica y cómo lidiar con ella.

LIKE A VIRGIN[1]

Si bien la educación sexual en Estados Unidos recibe un gran apoyo a nivel nacional (de acuerdo con encuestas realizadas por Planned Parenthood), la brecha entre lo que los estudiantes necesitan y lo que reciben sigue siendo amplia. Un estudio reciente realizado por el Instituto Guttmacher descubrió que solo la mitad de los adolescentes estadounidenses reportó haber recibido educación sexual que cumpliera con los estándares mínimos nacionales (los cuales, por desgracia, no son obligatorios). ¡Para mí, eso es alarmantemente bajo!

Que hayas recibido o no educación sexual formal depende principalmente del lugar en el que creciste y de la escuela a la que acudiste. Si tuviste educación sexual, es probable que haya sido muy básica. Quizá tú y tus amigos se rieron durante la lección de Anatomía sobre «eso va adentro de aquello», pusieron los ojos en blanco con la propaganda de solo abstinencia, se horrorizaron con las asquerosas fotos de infecciones de transmisión sexual, y todavía hacen chistes sobre cubiertas dentales en el chat grupal. O quizá firmaron un juramento de virginidad a cambio de un cupón para Domino's Pizza (NO ME ARREPIENTO).

Dado el deprimente estado de las cosas, no debe sorprendernos en absoluto que muchos de nosotros no tengamos un entendimiento sofisticado de nuestra propia sexualidad y excitación.

---

[1] Título inspirado en un éxito de Madonna. Literalmente, «Como una virgen». *(N. del t.)*.

Si te pidiera que te sentaras y escribieras una lista de lo que te excita y lo que no, ¿podrías hacerlo sin problemas? Para darle un toque de «aventura de opción múltiple», si tu respuesta es sí, ¡entonces ve, toma asiento y hazlo! Si tu respuesta suena más a «Claro que no», no estás solo. Sigue leyendo (solo para aclarar, *todos* deberían seguir leyendo).

Atiendo a muchos pacientes adultos que nunca desarrollaron un entendimiento básico de sus propios deseos. ¡Es completamente normal!

Incluso si nos consideramos a nosotros mismos sexualmente liberados, somos parte de una sociedad mojigata. Desde el momento en el que tenemos la edad para percibirlos, recibimos mensajes sexuales con marcados subtextos de vergüenza, humillación y dinámicas de poder, asentados por el peso histórico de roles de género jodidos.

Si es una parte importante de su relación, trabajar activamente con tu pareja para desterrar las cargas sociales y personales en torno al sexo puede ser una forma poderosa de profundizar su conexión. Más allá de eso, y más importante aún, el trabajo propio es lo que te ayudará a profundizar tu propia conexión con tu versión auténtica.

Un grandioso (y divertido) punto de partida es desarrollar una comprensión básica de lo que te excita y lo que no.

Lo que te excita son todas esas cosas azarosas que te preparan para la acción. Hablamos sobre caricias gentiles, la mirada de «cógeme» que te lanza tu amorcito desde el otro lado del cuarto, las donas de Dunkin' Donuts (asumo que Ben Affleck está leyendo este libro. ¡Hola, Ben!), así como tus fantasías picantes (¿exhibicionismo?, ¿enfermeras traviesas?, ¿vampiros del espacio exterior? Sé tan extraño como quieras en esta zona libre de juicios) y emociones románticas que te pongan el corazón a tope (Timothée Chalamet escribiendo poemas sobre ti que rimen; todos los poemas deberían rimar, por ley). Básicamente, aquello que te pone supercachondo.

Lo que no te excita es cualquier cosa que disminuya la probabilidad de excitación o inhiba tu respuesta sexual. ¡Lo que mata la vibra! Es el sistema que se encarga de pisar los frenos de tu excitación cuando siente que algo anda mal. Como la escena del «pavo» en *Gigli* (lo siento, Ben, esa no fue una escena sexy, ni una película sexy). Los inhibidores, tus potenciales bloqueadores de pene, también se pueden activar por amenazas potenciales —el miedo a que tu *roomie* entre al cuarto— o por bloqueos mentales como la ansiedad por el desempeño, problemas de imagen corporal o turbulencias emocionales.

Para formar tu lista de lo que te excita y lo que no, pregúntate:

1. ¿Qué funcionó para mí en el pasado? E igual de importante, ¿qué no funcionó?
2. ¿Qué tipo de contacto físico disfruto? ¿Hay ciertos tipos de contacto que no me gusten?
3. ¿Qué otros sentidos (olor, sonido, gusto, etc.), además del tacto, me resultan sensuales?
4. ¿Qué aspectos de mi pareja me resultan más excitantes?
5. ¿Qué fantasías me intrigan?
6. ¿Hay ciertas dinámicas de poder que me gustan o que quisiera explorar?
7. ¿Cuáles son mis limites? ¿Hay algo que definitivamente no quiero hacer?

¡Otra cosa! ¿Te masturbas?

La sociedad ha convertido el tema del autoplacer en un tabú para muchas personas, en especial para quienes tienen partes corporales femeninas. Lindas, ¡vayan y ámense a ustedes mismas!

Tomarte el tiempo para la autoexploración sin prisas y libre de la presión de tener un orgasmo es una de las formas más rápidas de identificar lo que te excita y lo que no, ya que no se trata de llegar al clímax, sino de reconocer los terrenos únicos de tu cuerpo y preguntarte qué se siente bien.

Todos tienen su propia mezcla de lo que les excita y lo que no, y también puede cambiar con el tiempo. ¿Crees que JLo y nuestro chico número uno, Ben, tienen exactamente la misma vida sexual en esta ocasión? ¡Estás loco! Así que sé paciente contigo mismo, y si quieres profundizar más, Emily Nagoski y Shan Boodram son dos de mis expertas favoritas en esta área.

Para cualquiera que todavía se sienta un poco perdido, recuerda: el viaje de cada individuo es único. No hay una forma «correcta» o «normal» de experimentar placer. Permítete la oportunidad de explorar, aprender y crecer.

I WOULD DO ANYTHING FOR LOVE (BUT I WON'T DO THAT)[2]

En referencia a Dan Savage, ¿se han preguntado mutuamente «¿Qué te excita?»?

Este es un gran lugar para empezar a practicar lo relacionado con las conversaciones sexuales, y parece algo obvio, ¿no? Te sorprenderías. Es una pregunta que se formula con más frecuencia en las comunidades *queer* y *kink*. Así que, si me dices «Sí, amigo, ya lo hago», ¡te sacaste un diez!

Pero si más bien dices «Sí, nunca había considerado preguntar eso», y tienes sexo heterosexual, puede que la Cultura te haya

[2] Título de un éxito de Meat Loaf. Literalmente, «Haría lo que fuera por amor (pero no haré eso)». *(N. del t.)*.

condicionado a asumir que el sexo significa pene y vagina. Y si bien esa es definitivamente una forma del sexo, hay montones más.

Incluso si llevan tiempo juntos, pregúntale a tu amorcito qué le excita y, quizá más importante, qué *no* le excita. De ese modo, todos los involucrados tendrán la misma información fundamental al respecto. No solo eliminas la necesidad de adivinar lo que excita a tu pareja, sino que también saber dónde están los límites es increíblemente liberador.

La comunicación abierta fomenta la confianza y el entendimiento, lo cual ayuda a crear una experiencia sexual segura y satisfactoria para todos. Además, discutir las preferencias del otro puede llevar al descubrimiento de formas nuevas y excitantes de conectar y potenciar su vínculo sexual.

LET'S TALK ABOUT SEX (BABY)[3]

La conversación «¿Qué te excita/qué no te excita?» resultó de maravilla, ¿verdad? ¡Muy buen trabajo! Hablar sobre sexo es extraño y vulnerable, en especial si estás trabajando en ello por primera vez. Por desgracia, no hay nada que puedas hacer al respecto.

¡Caíste!

¡HAY algo que puedes hacer al respecto! Puedes hablar más sobre ello. La práctica hace al maestro, y hablar sobre sexo tanto como puedas vuelve más fácil comunicar tus deseos, necesidades y fantasías.

¡Así que levanta la maldita voz!

Es sexy.

Estas son algunas de mis preguntas absolutamente favoritas para mejorar tus conversaciones sexuales.

---

[3] Título de un éxito de Salt-N-Pepa. Literalmente, «Hablemos de sexo (nene)». *(N. del t.)*.

DIEZ PREGUNTAS PARA TU AMORCITO DURANTE EL SEXO

1. ¿Te gusta cómo se siente?
2. ¿Te gusta cuando te toco así?
3. ¿Voy más lento o aumento el ritmo?
4. ¿Más suave o un poco más rudo?
5. ¿Te gustaría intentar una nueva posición?
6. Dime qué te gustaría que hiciera ahora mismo.
7. ¿Cómo puedo hacer que esto sea aún mejor para ti?
8. ¿Hay un lugar específico en el que quieras que me enfoque?
9. ¿Estás cómoda(o) con esta intensidad?
10. ¿Cómo puedo hacerte sentir más placer?

DIEZ PREGUNTAS PARA TU AMORCITO DESPUÉS DEL SEXO

1. ¿Qué fue lo que más te gustó?
2. ¿Qué querías que hiciera más?
3. ¿Qué pude haber hecho mejor?
4. ¿Algo de lo que me hiciste no te gustó?
5. ¿Algo de lo que te hice no te gustó?
6. ¿Tuviste alguna fantasía mientras lo hacíamos?
7. ¿Sentiste algún dolor o malestar?
8. ¿Sentiste incomodidad física o emocional en algún momento?
9. ¿Qué parte de mi cuerpo te excitó más?
10. ¿Cómo quieres que conectemos ahora, después de hacerlo?

¿Deberías hacer todas estas preguntas durante o después del sexo? No, es probable que no. ¡Sería demasiado! Elige un par, las que te resulten más sencillas o relevantes para tu situación; y comienza desde ahí. Serás un profesional en poco tiempo.

Una vez que hayan practicado y desarrollado una buena tolerancia base para la vulnerabilidad que acompaña a las conversaciones enfocadas en el sexo, ¡estarán listos para comenzar a trabajar en problemas específicos comunes juntos!

El consentimiento entusiasta de todos los participantes es un no negociable, pero no olvides consultarte a ti. Si tienes cualquier duda, hazte estas diez preguntas antes de tener sexo.

1. ¿Quiero hacerlo con verdadero entusiasmo?
2. ¿Puedo confiar en que tomaré una decisión clara, o mi mente está confundida por drogas/alcohol/depresión/un corazón roto?
3. ¿Esta persona respetará mis límites y sabe cuáles son esos límites?
4. ¿Esta persona me produce una sensación extraña o inseguridad?
5. ¿Estoy preparado para sortear cualquier sentimiento complicado que pueda surgir?
6. ¿Este encuentro casual podría afectar negativamente a alguien, además de mí y la persona con quien lo tendré?
7. ¿Estoy dispuesto a correr el riesgo de tener sexo malo o torpe con esta persona?
8. ¿Cómo cambiará tener sexo con esta persona las expectativas que tengo sobre nuestra relación?

9. ¿Sé qué le dará placer a mi cuerpo en esta situación?
10. ¿Creo que esta persona tiene las habilidades para darle placer a mi cuerpo?

UNDER PRESSURE[4]

La ansiedad por el desempeño es el problema sexual más común que trato en mis sesiones terapéuticas. Un dato poco conocido: ¡la tercera base es en realidad un ataque de ansiedad a medio besuqueo!

La ansiedad por el desempeño les ocurre a personas de todos los géneros, y por lo general surge debido a preocupaciones respecto a tu habilidad de dar placer a tu pareja, mantener una erección o lograr un orgasmo. Esto a menudo está relacionado con expectativas sociales e inseguridades personales. La mayoría del tiempo no tiene nada que ver con lo mucho o poco que quieras tener sexo con alguien, y es irritante, pero entre más quieras tener sexo, peor podría ser tu ansiedad por el desempeño, ya que tu enfoque estará demasiado fijo en darle a tu pareja un tipo específico de placer o en esperar que tu cuerpo funcione de cierta manera.

A fin de cuentas, los cuerpos son extraños y no siempre hacen exactamente lo que queremos que hagan. El problema y la solución están incluidos justo en el nombre. El sexo no debería ser un papel que «desempeñas», pero si lo ves de esa manera, ¿es de sorprender que el miedo escénico sea tan común? Para abordar la ansiedad por el desempeño, cambia tu pensamiento de resultados basados en el desempeño a resultados orientados al placer, y practica permanecer conectado con el momento presente y con tu cuerpo. Puedes remover el énfasis en el sexo retirándolo temporalmente de las opciones para enfocarte en otras actividades íntimas placenteras.

[4] Título de un éxito de Queen y David Bowie. Literalmente, «Bajo presión». *(N. del t.)*.

Usa tu imaginación e internet, pero ¿podría sugerir un mensaje sensual y masturbación mutua?

Para llevar (y mantener) tu atención en tu cuerpo, enfócate en hacer observaciones conscientes con los cinco sentidos. Por ejemplo:

Vista. Guau, mi nena se ve demasiado sexy hoy, y se puso la lencería roja que me encanta. ¡Un deleite visual!

Sonido. El pequeño gruñido que hace cuando mordisqueo su oreja me vuelve loca. ¡Qué sonido más rico!

Tacto. Estas sábanas de quinientos hilos se sienten increíbles en mi piel. ¡Qué bueno que hice la inversión!

Sabor. Mmm, humectante para labios sabor cereza + pasta de dientes mentolada + un toque de café. ¡Qué rico!

Olfato. La vela pegajosa «Esto huele como mi vagina» de Gwyneth Paltrow valió cada centavo. Percibo notas de bergamota y cedro.

¿Eso se puso raro? ¡Grandioso! Porque el sexo ES raro.

Como sea, ¡tú entiendes la idea!

Si notas que tu atención pasa de lo bien que se siente estar en tu cuerpo hacia lo nervioso que estas respecto a tu desempeño sexual, llévate de vuelta al momento con gentileza. Se necesita algo de práctica, y no es algo que ocurra de la noche a la mañana. Ayuda tener a una pareja cariñosa que no te juzgue (y si tú no eres quien tiene las dificultades, ¡sé esa pareja!), y ayuda todavía más si puedes ser autocompasivo y paciente.

Al igual que literalmente todo lo demás respecto al sexo, participar en una comunicación abierta y estar más en contacto con las necesidades y los deseos de todos los participantes reducirá la ansiedad y promoverá una experiencia sexual más relajada y agradable. Y nunca es mala idea hablar con un médico de confianza para ver si tu cuerpo está saludable.

ZONA LIBRE DE TELÉFONOS

Lo escuchaste aquí primero: los teléfonos están profundamente integrados en todos los aspectos de nuestras vidas, y los dispositivos injertados quirúrgicamente en nuestras manos le estorban a nuestra vida sexual. ¡No es algo sexy! A menos que lo hagas sexy a propósito... estoy muy a favor de los mensajes sensuales llenos de insinuaciones, y muchas parejas exitosas miran pornografía (con ética, por favor) juntos en su iPad con el fin de hacer un poco de calentamiento.

Pero ten cuidado con los efectos secundarios negativos en el sexo. Es muy fácil caer en el hábito de meterte a la cama y revisar todas tus aplicaciones hasta quedarte dormido, pero la noche también es un gran momento para tener sexo o algún otro tipo de conexión íntima. No permitas que tus dispositivos te roben a ti y a tu amorcito ese precioso tiempo de conexión. Establece límites, como horas designadas para guardar los dispositivos antes de ir a la cama, o dejar los teléfonos en otra habitación, para dar prioridad y nutrir la relación íntima.

COME TOGETHER[5]

Los niveles de deseo que no coinciden es otro reto demasiado común. ¿Uno de ustedes quiere tener sexo y el otro no está de humor? ¡Bienvenidos a una relación! (Es canon).

¿Conoces a alguna pareja que sienta el mismo deseo sexual y tenga niveles perfectamente sincronizados de deseo sexual tras la fase de la luna de miel?

---

[5] Título de un éxito de The Beatles. Literalmente, «Únanse». También sirve como un doble sentido respecto a la eyaculación, y se entendería como «Vénganse juntos». *(N. del t.)*.

No. No la hay. No es algo que ocurra. Y es algo que casi todos tendrán que sortear en algún punto u otro.

Seas la pareja con la libido alta o no, con los niveles de deseo que no coinciden es de especial importancia reconocer que cada persona tiene su propia lista de cosas que le excitan y cosas que no. La comunicación abierta y empática al discutir estas diferencias es de vital importancia.

Si puedes fomentar una atmósfera de seguridad y confianza en la relación, podrán pensar juntos para crear ambientes que incentiven la intimidad, el placer y la satisfacción de ambos, mientras respetan mutuamente sus deseos y límites.

Dicho eso, el deseo fluye y mengua todo el tiempo, y hay literalmente millones de variables que lo pueden afectar. A veces esas variables están fuera de tu control (o el de tu pareja), y es un estado situacional que deben tolerar hasta que ambos se encuentren en el mismo punto de nuevo. De esta forma pueden superar los periodos de niveles de deseo que no coinciden:

1. **Normalicen la discrepancia.** Entiendan que es del todo normal que las parejas experimenten diferencias en los niveles de deseo. Reconozcan que el deseo puede fluctuar con el paso del tiempo y que varía de persona a persona. No entren en pánico, y no juzguen.
2. **Fomenten la intimidad emocional.** Fortalezcan su conexión emocional pasando tiempo de calidad juntos, participando en actividades que ambos disfrutan y practicando la empatía y la comprensión. La intimidad emocional ayuda a crear un ambiente seguro para explorar su relación sexual, ¡y a veces eso excita muchísimo!
3. **Exploren el contacto no sexual.** Incorporen caricias, acostarse abrazados y conductas afectivas que no necesariamente sean de naturaleza sexual. Puede parecer contradictorio, pero esto puede ayudar a crear una sensación de intimidad y cercanía, independientemente de las diferencias en los niveles de deseo.

4. **Sean flexibles y creativos.** Estén abiertos a intentar cosas nuevas y experimentar con diferentes experiencias sexuales. Esto puede ayudarlos a descubrir intereses compartidos y encontrar nuevas formas de disfrutar juntos de la intimidad física, incluso si sus niveles de deseo no son idénticos. ¿Cuál es tu perversión? ¿No tienes una? Haz una búsqueda en Google o utiliza una inteligencia artificial para enlistar algunas y ver qué derrite tu quesadilla (perdón).
5. **Busquen ayuda profesional.** Si descubren que la discrepancia en el deseo causa malestares o conflictos importantes en la relación, consideren buscar la guía de un terapeuta sexual calificado.

(I CAN'T GET NO) SATISFACTION[6]

¿No te sientes satisfecho en la cama? ¿Lo has hablado y has pedido explícitamente lo que quieres? Es más fácil decirlo que hacerlo, ¿verdad? En este punto de nuestro viaje juntos, ¿te sorprendería escuchar que la comunicación abierta es fundamental?

Experimentar periodos de insatisfacción sexual es completamente normal, pero si se prolongan o afectan de forma negativa otros aspectos de la relación o de tu vida, es hora de mencionarlo. Cuando hables del tema de la satisfacción sexual, es importante enfocarse en aquello que *sí* quieres en vez de mencionar las cosas que tu pareja hace y que odias.

En vez de decir: «Odio cuando ______________________________».

Intenta decir: «¿Sabes qué me excitaría de verdad? Si tú __________ ____________________________________».

[6] Título de un éxito de The Rolling Stones. Literalmente «No encuentro satisfacción» *(N. del t.)*.

En vez de decir: «No me excita mucho cuando tú ________________ ____».

Intenta decir: «¿Te gustaría intentar algo nuevo? Si tú ____________, sería riquísimo».

Si puedes mantener un humor relajado, a menudo también recomiendo a mis pacientes jugar un pequeño juego sexual en el cual tienes que dar retroalimentación a tu pareja cada cinco segundos respecto a lo que hacen. La única regla es que, si guardas silencio por más de cinco segundos, tu pareja para y se termina tu turno. Entonces, si algo te encanta, ofreces ánimo vocal, y si prefieres que intenten otra cosa, tienes que decirlo. Pero no debes callarte. Este juego los obliga a ambos a participar y expresar lo que les gusta y lo que no de una forma libre de juicios. Al final, tu pareja tendrá un plano claro de lo que te enciende. No olvides asegurarte de que ambos reciban su turno.

PELÍCULAS SUCIAS

La pornografía es entretenimiento, no educación. No obstante, la amplia disponibilidad de la pornografía puede crear expectativas irreales respecto al sexo, la imagen corporal y el desempeño sexual; y tiene una influencia gigantesca sobre nuestro sentir respecto al sexo y el tipo de cuerpos y actos sexuales que nos atraen. A menos que nunca hayas visto pornografía/leído literatura erótica/retrocedido y repetido cierta escena de *Criaturas salvajes* un número no revelado de veces (y no te estoy llamando mentiroso, pero me pregunto si tienes internet), vale la pena examinar la forma en que interactúas con ella. Formúlate estas preguntas, y luego considera tener una discusión con tu pareja respecto al papel de la pornografía en su relación.

1. ¿Cómo crees que la pornografía haya influido en ti?
2. ¿Quieres cambiar la relación que tienes con la pornografía?
3. ¿La pornografía está afectando tu relación?
4. ¿Preferirías ver pornografía que ponerte sexy con tu pareja?
5. De ser así, ¿por qué? ¿Podrías pasar más tiempo con tu amorcito y menos con la pornografía?

Por último, si sientes que consumes demasiada pornografía o que tienes una dependencia que te está afectando, considera buscar ayuda profesional de un terapeuta que se especialice en el uso de la pornografía.

WITH OR WITHOUT YOU[7]

Si estás en una relación monógama y no sientes que sube la temperatura, podrías considerar abrir la relación. Está muy de moda en estos días y quieres estar a la moda, ¡¿verdad?! Es broma.

Cambiar la estructura de tu relación solo para andar con los chicos populares nunca es buena idea. Pero si de verdad sientes curiosidad respecto a explorar una opción no monógama, aborda el tema con lentitud, curiosidad y compasión por tu pareja. Es probable que tu amorcito esperara tener una relación monógama a largo plazo, así que podría ser una gran sacudida si le pides abrir la relación. Sugiero que ambos lean el libro *Una red segura: apego, trauma y no monogamia consensuada*, de Jessica Fern, antes de hacer cualquier cambio en su relación.

Jessica enfatiza en la importancia del apego, la seguridad y el bienestar emocional en las relaciones no monógamas. Estas son

[7] Título de un éxito de U2. Literalmente, «Contigo o sin ti». *(N. del t.).*

alguna preguntas (inspiradas en el trabajo de Jessica) que querrás responder con tu pareja:

- ¿Cómo podemos mantener un apego seguro en nuestra relación mientras la abrimos a otros? ¿Qué apego necesita tener cada uno y cómo podemos asegurar que se satisfaga?
- ¿Cómo daremos apoyo al bienestar emocional del otro mientras sorteamos las complejidades de una relación abierta? ¿Cuáles son nuestros detonantes emocionales individuales y cómo podemos ser conscientes de ellos en este contexto?
- ¿Hay algún trauma o experiencia del pasado que pueda impactar en nuestra habilidad de sortear una relación abierta? ¿Cómo podemos crear un espacio seguro para discutir y abordar estos temas juntos?
- ¿Qué límites y acuerdos tenemos que establecer para crear una sensación de seguridad y confianza en nuestra relación abierta? ¿Cómo podemos comunicar y negociar estos límites de forma efectiva?
- ¿Cómo mantendremos la comunicación abierta y honesta mientras exploramos la no monogamia? ¿Cómo podemos asegurar que proporcionaremos apoyo emocional mutuo durante este proceso?
- ¿Cómo manejaremos los conflictos y los retos que surjan en nuestra relación abierta? ¿Qué estrategias podemos desarrollar para abordar estos problemas de forma sana y constructiva?
- ¿Cómo equilibraremos nuestro tiempo, energía y recursos emocionales mientras nos involucramos en relaciones múltiples? ¿Qué estrategias podemos emplear para priorizar nuestra relación principal mientras fomentamos conexiones con otros?
- ¿Cómo trataremos los celos y la inseguridad que puedan surgir mientras abrimos nuestra relación? ¿Cómo podemos desarrollar

resiliencia emocional e incentivar una sensación de seguridad en este contexto?

Si tu reacción a estas preguntas suena como «¡No tengo ni puta idea de cómo responder estas preguntas!», ¡muy bien! Son preguntas muy difíciles que deberían pensarse con cuidado durante un periodo largo. Muchas personas en relaciones exitosas exploran opciones no monógamas, pero abrir tu relación es una decisión importante que no debería tomarse en un fin de semana.

CALL YOUR GIRLFRIEND[8]

A menudo la infidelidad no tiene nada que ver con el sexo. Por favor, no pienses que por incluir el tema aquí, estoy diciendo que ambos están conectados al 100%. Ese no es siempre el caso. Pero ya que con frecuencia la infidelidad *involucra* tener sexo, y recuperarse de ella requiere profundizar en la apertura y vulnerabilidad (que es el tema de fondo de este capítulo, en caso de estar siendo demasiado sutil al respecto), tiene sentido explorarla aquí.

No todos comparten la misma definición de infidelidad. ¿Coquetear cuenta? ¿Qué hay de la pornografía? Yo tengo mis propias opiniones, pero eso no importa. Es decisión tuya. Lo que realmente importa es que tú y tu pareja estén de acuerdo respecto a la definición de infidelidad. Y en los acuerdos de relaciones abiertas o no tradicionales, llegar a un conjunto de reglas de mutuo acuerdo es todavía más importante. Por eso recomiendo bastante discutir el tema de la infidelidad muuuuuuuuuuuy temprano en la relación. Veo a tantas parejas que llegan a mi consultorio porque tuvieron demasiado miedo de conversar sobre esto. Así que deja lo que estés haciendo, cierra este libro, mira a tu amorcito y pregúntale: «¿Qué

[8] Título de un éxito de Robyn. Literalmente, «Llama a tu novia». *(N. del t.)*.

piensas que cuente como infidelidad, y cómo podemos estar de acuerdo conforme avancemos?».

¡Otra cosa! No seas infiel. La infidelidad es una mierda. Te vas a sentir horrible y, si tu pareja lo averigua o se lo dices, va a resultar muy herida. Puedo garantizarte que cambiará el curso de tu relación. Tómalo con seriedad.

Yo he sido infiel. Todavía me siento horrible por ello. Cargaré con esa culpa por el resto de mi vida y daré mi mejor esfuerzo por nunca volver a cometer ese error. Perdonarme a mí mismo y hacerme responsable de forma apropiada por el error que cometí fue todo un viaje, uno muy largo. ¡Tú sálvate!

Repasemos algunas razones comunes por las que podrías querer ser infiel y qué hacer al respecto antes de que cruces cualquier línea que no deberías cruzar.

- **Porque no sientes satisfacción sexual.** En concordancia con el tema de este capítulo, puede que tengas ganas de hacerlo porque no recibes lo que quieres. Es comprensible, pero sería mucho menos catastrófico si hablaras respecto a que se satisfagan tus necesidades sexuales en vez de hacer la gimnasia mental necesaria para permitirte ser infiel.
- **Porque sientes que no tienes poder en la relación.** Esta es una hija de perra sigilosa. No es que te digas a ti mismo: «Siento una notable falta de poder en mi relación, por lo tanto, seré infiel». O al menos espero no hacerlo yo, porque ¿quién habla así consigo mismo, *nerd*? Esto es algo que por lo general ocurre por debajo de la superficie de nuestra conciencia. Si sientes la necesidad de ser infiel, y no tienes claro el motivo, da un paso atrás e intenta preguntarte si sientes que la relación tiene una distribución equitativa de poder y voluntad. Si no, tal vez intentas compensarlo traicionando a tu pareja.
- **Porque estás experimentando al «verdadero tú» con otra persona.** Esta es una de las razones más comunes que veo con

mis pacientes. Cuando pasas tiempo con alguien más —alguien que también te atrae— y puedes expresar una versión de ti mismo con esa persona y no con tu pareja, tal vez comiences a sentir deseos de tener una aventura. Quizá sea porque esta otra persona también sabe lo buenas que son las donas de Dunkin' Donuts, o ambos están perfectamente de acuerdo respecto a cuál Batman es el mejor Batman. Mira, cualquiera que sea el caso, te recomiendo decirle a tu pareja que quieres ser más auténtico en la relación para que puedas satisfacer esa necesidad sin poner en riesgo tu futuro.

- **Porque crees que lo mereces.** Todos merecemos cosas buenas, pero esto está a un paso de la grandiosidad acompañada de una guarnición de narcisismo. Dicho eso, la mayoría tenemos al menos un poco de esta energía dentro de nosotros; algunos más que otros. Es nuestro trabajo gestionar a este bebito llorón narcisista y recordarnos a nosotros mismos que, aunque sintamos que somos el personaje principal en un mundo que únicamente gira en torno a nosotros, nuestras acciones tienen consecuencias y no está bien lastimar a las personas más cercanas a nosotros.
- **Porque sientes que tienes necesidades emocionales no satisfechas.** Si te sientes emocionalmente desatendido o no respaldado en tu relación, quizá comiences a buscar esa satisfacción en otro lugar. Sentirte visto por alguien que FINALMENTE satisface tus necesidades emocionales es muy excitante, pero ¿sabes qué sería todavía más maravilloso? Si le dieras a tu pareja la oportunidad de satisfacer tus necesidades emocionales. Y si estás pensando: *¡TherapyJeff! ¡¡Ya le di millones de oportunidades para satisfacer mis necesidades!!*, entonces entiendo tu frustración, pero ¿le has dado pistas respecto a lo precaria que es la situación?
- **Porque piensas que la relación está «prácticamente acabada».** A menos que ya se haya terminado, no se ha terminado. Punto (#Scandoval #TeamAriana).

OKEY, ¿y qué pasa si ya fuiste infiel? ¿Cómo se supone que manejes eso? Bueno, podrías cerrar tu bocota al respecto y no volver a hacerlo nunca. Es una opción y algunos argumentarían que confesar una infidelidad causa dolor innecesario si la persona infiel siente remordimiento genuino, se compromete a asegurar que no vuelva a pasar nunca y cree que la confesión podría terminar la relación. Es sabido que a veces el acto de confesión trata más sobre aliviar la culpa personal que sobre beneficiar a la pareja engañada.

Que conste que yo, TherapyJeff, no condono esa opción. Creo que deberías ser honesto. Además, tu pareja merece poder dar un consentimiento informado (al igual que tú). Aun así, es importante observar que se trata de un tema complejo con muchos puntos de vista diferentes.

¿A qué me refiero con «consentimiento informado»? A que ambos miembros de la pareja tienen derecho a recibir toda la información pertinente que pueda afectar su decisión de estar en la relación.

En lo relativo a la infidelidad, el principio del consentimiento informado significa que tu pareja tiene derecho a conocer la infidelidad porque ello podría cambiar de manera fundamental su entendimiento de la relación y su deseo de permanecer en ella. Si fuiste infiel, cambiaste los términos de la relación sin el conocimiento o consentimiento de tu pareja. Esto no solo limita la libertad de la otra persona para tomar sus propias decisiones respecto a su vida con base en tooooooda la información, sino que también la expone a riesgos potenciales (infecciones de transmisión sexual, por nombrar solo uno) que no tuvieron la oportunidad de aceptar. ¡Confiesa!

¿Qué pasa si te engañaron a ti? Primero, lo lamento profundamente. Es probable que la confianza que existía antes ahora esté hecha pedazos, y te encuentres cuestionándolo todo. Es horrible.

Tómate el tiempo que necesites para pensar. Me gustaría recomendar a la persona que fue engañada que haga todas las preguntas que necesite. Pero también debe tener en cuenta que no va a olvidar las respuestas, así que solo debe preguntar aquello para lo que esté preparada para manejar.

En mi experiencia, muchas parejas tienen la capacidad de superar la infidelidad, así que no sientas en automático que «debes» terminar la relación. Es probable que tengas algunos amigos o familiares bien intencionados que te digan que largarte es la ÚNICA OPCIÓN, pero si quieres rescatar la relación, no permitas que te presionen. No obstante, si quieres terminar de inmediato, ¡tienes todo el permiso para hacerlo! Para ayudarte a decidir, pregúntate lo siguiente:

1. ¿Cómo se siente mi pareja respecto a sus acciones? ¿Ha mostrado remordimiento genuino y se hizo responsable?
2. ¿Mi pareja es capaz de expresar lo que la llevó a hacer esto?
3. ¿Es un error que ocurre por primera vez o una conducta recurrente?
4. ¿Cómo afectó esta infidelidad mi autoestima y valoración propia? ¿Quiero permanecer con esta persona por amor o por miedo a la soledad?
5. ¿Qué tanto le permito a mis amigos y familiares influir en mi sentir o sobre lo que debería hacer respecto a la traición? ¿Cómo cambiará la dinámica de nuestra relación al avanzar? ¿Estoy de acuerdo con eso?
6. ¿Esta relación sigue alineada con mis valores y límites personales?
7. ¿Me siento capaz de perdonar de verdad y superar esto? ¿Tengo la disposición de hacer el trabajo duro de reconstruir la confianza y reparar la relación?
8. ¿Qué necesito para volver a sentir seguridad?

Si quieren aguantar y averiguar cómo continuar juntos, consideren ir a terapia de pareja si tienen la opción. ¡De verdad ayuda!

Mientras tanto, no olvides cuidar de ti. Haz lo que sea que te haga sentir bien: toma un baño de burbujas, disfruta un bote entero de Van Leeuwen, escribe y dirige una película galardonada por la Academia sobre rescatar rehenes estadounidenses de Irán. Está bien no estar bien.

Recuerda, este es tu viaje. Transítalo como te haga sentir bien a ti, y no permitas que nadie apresure tu proceso de sanación. ¡Tú puedes con esto!

EXPRESS YOURSELF[9]

En resumen, el sexo involucra demasiada vulnerabilidad y está cargado de muchísimas complejidades, así que es común que las personas experimenten un amplio rango de problemas y retos en sus vidas sexuales. Si no viste tu situación específica en este capítulo, por favor, no pienses que hay algo mal únicamente en ti, no es el caso.

Es importante recordar que buscar ayuda y apoyo siempre es buena idea, ya sea que hables con un amigo en quien confíes o busques la guía profesional de un terapeuta o educador sexual. La vergüenza, la culpa o el bochorno respecto a tus circunstancias sexuales no tienen lugar en esta mesa. Intenta practicar la autocompasión y la paciencia si experimentas retos o tu cuerpo no hace lo que quieres que haga. Recuerda, no estás solo, y hay muchos recursos disponibles para ayudarte a sortear cualquier dificultad que puedas enfrentar en tu viaje sexual. Como el tatuaje gigante a espalda completa, con colores salvajes, de un fénix surgiendo de sus cenizas (el que entendió, entendió), ¡nunca es demasiado tarde para cambiar!

---

[9] Título de un éxito de Madonna. Literalmente, «Exprésate». *(N. del t.).*

Antes de volver a ponernos la ropa y cerrar la puerta del dormitorio, tómate unos minutos para responder estas preguntas:

1. En tus relaciones (actuales o pasadas), ¿qué resultado dio expresar vulnerabilidad respecto al sexo? ¿Qué te atemoriza más respecto a ser vulnerable?
2. ¿Cuáles son las tres cosas que más te excitan? ¿Cuáles son las tres cosas que apagan tu excitación al instante? ¿Tu pareja tiene acceso a esta información?
3. ¿Puedes hacer una lista de las tres cosas que más excitan a tu pareja y las tres que la apagan? ¿Qué evita que se lo preguntes ahora mismo?
4. ¿Hay alguna nueva perversión o fantasía que desearías incluir en la diversión en la cama? ¿Puedes mencionarla con tu amorcito?
5. ¿Qué te produce ansiedad por el desempeño?, ¿y a tu pareja?
6. ¿De qué formas compasivas te gustaría que respondiera tu pareja si comienzas a sentir ansiedad durante el sexo? ¿Es una conversación que podrías tener ahora?
7. ¿Hay maneras en las que podrías manejar mejor los sentimientos de rechazo si tu pareja no quiere hacerlo cuando lo deseas? ¿Hay formas en las que podrías ser más gentil cuando eres tú quien dice «Esta noche no, bebé»?
8. ¿Cuáles son las mejores formas de ponerte de ánimo para el sexo cuando no estás del todo deseoso?, ¿y las de tu pareja? ¿Se han comunicado esta información el uno al otro?

9. ¿Alguna vez considerarías abrir tu relación?, ¿sospechas que tu pareja lo quiere? Si esta es una conversación que considerarías tener, ¿cuál te gustaría que fuera el resultado?
10. ¿Llevas contigo algún resentimiento respecto a tu satisfacción sexual en la relación? De ser así, ¿puedes expresárselo a tu pareja de una forma libre de juicios?
11. ¿Qué papel desempeña la pornografía en tu vida y tu relación? ¿Eres honesto al respecto con tu pareja?
12. ¿Qué cuenta como infidelidad? ¿Han establecido una definición clara juntos?

CAPÍTULO **ONCE**

GUÍA DE SUPERVIVENCIA PARA LAS RELACIONES A LARGO PLAZO

Ya atravesaste los áridos yermos de la escena de las citas, sorteaste las agitadas aguas de la etapa de la luna de miel y ascendiste hasta las desafiantes cimas del conflicto y el mantenimiento de una vida sexual satisfactoria. Ahora, lo único que queda por hacer es disfrutar el camino recto y plano de la dicha perpetua. Activa el control de velocidad y sube ese pintoresco atardecer a Insta, ¿no? Bien, podrías regalarle este libro al pobre diablo de tu amigo que todavía no entiende esto. ¿Qué podría salir mal?

TODO. LITERALMENTE TODO.

Pero no dejes que eso te altere. Estás en el camino correcto hacia un amor duradero e integrado, y ya reuniste muchas de las herramientas que necesitarás para nutrirlo (¡de nada!).

Sostener relaciones sanas y satisfactorias requiere de un esfuerzo continuo. Esta es una verdad universal, incluso en relaciones a largo plazo con parejas bien empatadas. Solo cuando las parejas dejan de priorizar su relación, pueden despertar un día sintiéndose desconectados y perdidos, sin una sola pista sobre cómo llegaron ahí.

Conforme sigas pasando tiempo con tu pareja por el resto de tu vida (si ese es el tipo de compromiso que te gusta), irás descubriendo más defectos e imperfecciones. ¡Qué divertido! Algunos de estos defectos son aspectos que pasaste por alto y que ahora surgen con más frecuencia; otros son comportamientos que se han desarrollado recientemente y pueden ser situacionales, surgiendo a medida que su viaje juntos continúa. Crecemos. Evolucionamos. A veces para bien (¿aprendiste a hablar japonés? ¡Bien por ti!), a veces para mal (¿no dejas de hablar sobre cómo aprendiste a hablar japonés? ¡Qué irritante!). ¡Así es la vida! Y es mejor que la alternativa (¿lo entiendes? Me estoy adaptando a mi época de chistes malos).

«La única constante es el cambio».

La frase favorita de tu instructor de CrossFit
(Es MUY intenso, pero por fin puedes hacer
una lagartija, así que tal vez lo vale).

Es importante recordar en este momento que el amor que comparten debería ser integrado. Como recordatorio, el amor integrado va más allá de la atracción superficial (pero siéntete libre de mantener una dosis sana de atracción superficial) y profundiza en el entendimiento, aprecio y aceptación de todos los aspectos en evolución del otro. Un amor integrado crece y soporta el cambio, al igual que lo hacen tú y tu pareja, volviéndose un reflejo de su historia compartida y sus peculiaridades, fortalezas y, sí, incluso sus imperfecciones individuales.

Un amor que resiste pese a los obstáculos y el desarrollo individual se erige como testamento de su resiliencia conjunta y su compromiso, y es la piedra angular de toda relación sana y satisfactoria a largo plazo.

Y lo único que tienes que hacer es todo lo que te he dicho en este libro.

No, pero en serio, ¡ya tienes la mayoría de lo que necesitas!

En este capítulo, repasaremos los elementos cruciales para mantener una relación amorosa e integrada que perdure. Te diré un pequeño secreto: si estás en una relación que ya va de camino hacia el amor integrado, la mayoría de estas cosas serán sencillas. Y si lees esto *antes* de tener una relación de compromiso a largo plazo, todavía mejor. No hay un momento exacto en el que la Guía de supervivencia para las relaciones a largo plazo comience a funcionar; además, el trabajo de este capítulo es relevante para todas las etapas de las citas. Tener en mente incorporarlo desde un inicio te preparará para el éxito.

También veremos cómo mantenerte conectado con tu yo auténtico y asegurarte de comunicar tus necesidades individuales, incluso mientras evolucionan en el transcurso de tu relación.

A DECIR VERDAD...

Ya hablamos mucho respecto a la importancia de representar tu versión más auténtica y honesta durante tu viaje por las citas. Bueno, pues es igual de importante una vez que te encuentras en una relación de compromiso a largo plazo. Suena engañosamente sencillo, pero no siempre lo es. Conforme la vida avanza, tendrás nuevas experiencias, enfrentarás retos y explorarás tu crecimiento personal de formas que pueden cambiar de manera sutil o dramática tu perspectiva, tus metas y tus conductas. ¡Tú también podrías volverte una sensación terapéutica de internet de la noche a la mañana!

Con el tiempo, estos cambios pueden tentarte a ajustar o incluso enmascarar tu verdadero ser para mantener el *statu quo* en tu relación. No obstante, es crucial conservar tu autenticidad y comunicar abiertamente tu evolución para asegurarte de que la relación evolucione contigo y siga satisfaciendo tus necesidades.

Esto puede volverse complicado debido a la naturaleza dinámica del crecimiento personal y la imprevisibilidad de la vida. Recuerda, no solo se trata de satisfacer a tu pareja, sino también de mantenerte fiel a quién eres. Si no eres capaz de ser tu yo auténtico en tu relación, con el tiempo sentirás insatisfacción y resentimiento.

Para asegurarte de que respetas las necesidades de tu versión auténtica conforme la relación progresa, revisa regularmente las listas que hiciste en el capítulo tres (sugiero hacerlo cada trimestre, pero haz lo que tenga más sentido para ti). Revisa tus listas con curiosidad y visión crítica, y agrega todo lo que haya surgido desde la última vez que les echaste un vistazo. Así como tú evolucionarás con el tiempo, tu pareja también experimentará su propio crecimiento personal.

Una vez que hayas editado tus listas para que sean relevantes para la persona que eres en el presente, pregúntate:

1. ¿Mi relación detona regularmente mis miedos o defensas? Si es así, ¿podemos hablar de lo que me provoca de una manera que me sane en lugar de volver a traumatizarme?
2. ¿He hecho concesiones respecto a cualquiera de mis no negociables?
3. ¿Mi pareja todavía posee las cualidades que necesito para mostrarme con mi versión auténtica en esta relación?

EN MI HUMILDE OPINIÓN

Mantener una comunicación abierta y honesta es muy importante. Pongan eso en mi lápida, ¿entendido? Sé que lo sabes, y tú sabes que yo sé que lo sabes, pero tengo que decirlo de todos modos. No quieres que me manden a la cárcel de terapeutas, ¿verdad? La fianza es de doscientas a cincuenta mil conversaciones vulnerables.

La comunicación es CLAVE en toda relación a largo plazo, y a menudo es la primera víctima cuando la complacencia comienza a filtrarse. También es algo que puede desvanecerse lentamente si no prestas atención. Las parejas sanas expresan sus necesidades, sentimientos y deseos de forma honesta y directa, sin temor al rechazo o la crítica. Incluso al enfrentar desacuerdos potenciales, hablar es fundamental para fomentar un vínculo fuerte.

Si durante la revisión regular de tus listas surge cualquier problema, grande o pequeño, menciónalo en la siguiente sesión de consulta de la relación. ¡Porque también tienes que hacer esas consultas de forma regular!

MUCHAS GRACIAS

«La gentileza es un regalo que a nadie le cuesta dar».

El cartel inspiracional en el cuarto de lavado de tu edificio. (Sé que tú lo pusiste ahí, Jennifer. ¡¡Nosotros no nos estamos robando tus bolsas de detergente!!).

¿Cómo se siente ser apreciado? Maravilloso, ¿verdad? Cuando alguien nota todo lo que haces cada día, pequeño o grande, tu ánimo se eleva al instante. Deberías agradecer a tu pareja por la manera en que te apoya y vuelve tu vida más fácil. Si no estás expresando gratitud cuando lavan los platos en tu turno, sacan a pasear al perro cuando te duele la cabeza o te proponen ideas para resolver una situación complicada del trabajo, te pido que comiences de inmediato.

Más allá de la práctica de articular agradecimiento por lo rutinario, sube el nivel haciendo que tu pareja se sienta apreciada por todo lo especial que la hace ser QUIEN ES. Ya sea su tremendo gusto por bandas modernas que suenan a los noventa, o por convencerte de cambiar una acampada por un hotel de lujo (aunque al principio te niegues, pero sabes que tiene razón), ¡muestra algo de amor! Un simple «Gracias» o un halago sincero pueden mejorar el día de cualquiera, incluida la persona que lo dice.

La gratitud no debería ser algo que ocurre cada que hay un eclipse solar. Exprésala todos los días, de forma enérgica y creativa, y experimentarás el fortalecimiento de tu relación. Todo mundo sentirá celos.

TIEMPO DE CALIDAD

Un dato curioso: las parejas que pasan al menos 40 minutos de tiempo de calidad todos los días tienen relaciones más felices y sanas. No es por presumir, pero aprendí esa joya en la universidad, y desde entonces la he compartido con todas las parejas que me recurren a mí. ¿Y sabes qué? Hace maravillas. Define «tiempo de calidad» como lo prefieras: una caminata apacible por el parque, sexo perverso y caliente mientras tienen una cantidad extraña de contacto visual, preparar sándwiches de carne molida juntos... todo se vale mientras estén mentalmente presentes. Hagan su mejor esfuerzo para, dentro de lo razonable, tener un momento especial todos los días (o al menos cada semana), dejando los teléfonos de lado y conectando de verdad entre ustedes.

PROTEGE TU TRASERO

Este es un gran momento para recordar que tu relación no es responsable de satisfacer siempre todas y cada una de tus necesidades. Simplemente no va a pasar. Digo, sería lindo... supongo... pero también sería algo aburrido.

Nuestras necesidades emocionales son complejas y multifacéticas, y si bien nuestras parejas desempeñan un papel fundamental —quizá hasta estelar— en satisfacer esas necesidades, no pueden hacerlo todo. Y aquí es donde la autenticidad entra en juego. Para asegurarte de que apoyas y representas tu versión más auténtica —en otras palabras, que proteges tu trasero—, entiende que, en el fondo, contienes multitudes. Cuando reconoces la profundidad de tu ser, es evidente que ninguna persona, incluida tu amada pareja, puede nutrir todas las partes que te componen.

¿Por qué esperas que lo hagan (ah, claro, siglos de expectativas monógamas tóxicas)? Asegúrate de dispersar ese amor en vez de esperar que tu pareja lo sea todo, todo el tiempo. El trabajo que valoras, las experiencias que alimentan tu alma, las búsquedas creativas, los pasatiempos que te emocionan, los amigos que te comprenden, las comunidades con valores compartidos, la familia (genética o encontrada), el movimiento que respalda tu bienestar general... no pierdas de vista los numerosos elementos que contribuyen a tu bienestar emocional, felicidad y satisfacción general con la vida.

Depende de ti averiguar qué necesidades DEBE satisfacer tu pareja. Revisa esas listas increíbles que hiciste respecto a motivos de ruptura y no negociables, pero sé consciente de que tus necesidades, así como lo que piensas y sientes respecto a ellos, pueden cambiar con el tiempo, ¡y eso está BIEN!

POR LA VICTORIA

«Soltar es difícil, pero ser libre es hermoso».

Lo que dice la taza con café de tu colega más irritante. (Odio decirlo, pero Brenda tiene razón respecto a esto. ¡Aunque definitivamente debe dejar de programar juntas que podrían ser e-mails!).

Hay una buena razón por la que dedicamos todo un capítulo a lidiar con el conflicto. ¡Es increíblemente importante! Si te lo saltaste, hazte un favor y regresa a leerlo. No solo porque está repleto de consejos infalibles y ocurrencias ingeniosas (ChatGPT no se me compara), sino porque la incapacidad para confrontar el conflicto de frente produce resentimiento y desprecio, que también son conocidos como asesinos de relaciones.

No se trata del número de peleas que tengan, sino de la forma en que arreglan las cosas y reconectan después. Si terminan las discusiones sintiéndose drenados y vacíos con regularidad, echen un vistazo a la forma en la que manejan el conflicto como pareja.

Den su mejor esfuerzo para soltar rencores mezquinos y aceptar el perdón. Nadie es perfecto, así que acumular ejemplos de pequeños deslices como si fueran boletos VIP para Taylor Swift no les hará ningún favor. Suelten. Enfóquense en el amor y la conexión que cultivan juntos.

Es más fácil decirlo que hacerlo, lo sé. Pero esas relaciones a largo plazo llenas de alegría y amor están impregnadas de perdón y de saber soltar. Tu pareja puede hacer cosas irritantes (y las hará) que te sacarán de quicio. Honestamente, es absurdo lo irritante que puede ser. Y es muy probable que siga haciendo cosas que te frustren y molesten por el resto de tu vida. La clave para sortear esto es entender que no tiene la intención de herirte.

Para volver a ponerte de pie, tendrás que perdonar sus errores potencialmente hirientes. Lo harás porque amas a esa persona y confías en sus buenas intenciones. Desde luego, esto no aplica si su comportamiento es horrible en exceso. Pero los errores de pequeños a medianos pueden ser perdonados, siempre y cuando puedas soltar y no mantener rencores de forma genuina. Básicamente, dale el beneficio de la duda tanto como puedas, y espera lo mismo de vuelta. Tu relación te lo agradecerá.

MEJORES AMIGOS PARA SIEMPRE

De acuerdo con los terapeutas e investigadores *rockstar*, doctor John y doctora Julie Gottman (¡¡adóptenme!!), las relaciones fuertes y duraderas dependen del fomento de una amistad profunda. ¡Muy de acuerdo! Esto no solo involucra entender, sino interactuar de verdad con el mundo del otro. Expresa tu admiración de forma abierta, siente curiosidad por su vida y cultiva el aprecio y el respeto. Presta mucha atención a los esfuerzos de tu pareja por interactuar y buscar apoyo, y responde con entusiasmo, del mismo modo que lo harías por tus mejores amigos.

REGRESO ENSEGUIDA

Esto surge muchísimo en mis sesiones para parejas, y también tengo sentimientos muy fuertes por el tema: por favor, por el amor de Dios, responde las llamadas y mensajes de tu pareja. No la dejes en visto. Responder con puntualidad le demuestra a tu pareja que te importa y que es una prioridad. Si estás en una relación a largo plazo y sigues jugando a hacerte el difícil, ¿qué te pasa? Desde luego, hay límites, y sirve de mucho discutir cuáles son por adelantado (por ejemplo, «No puedo mensajear mientras estoy en el trabajo»), pero en general, mantén tus líneas de comunicación activas y puntuales.

ME IMPORTA UN CARAJO

Mami y papi (Johnny y Jules Gottman) también hablan mucho sobre cómo apoyar mutuamente las metas de la pareja (alias, *Me importa un carajo*) es fundamental para las relaciones sanas a largo plazo, ya que refleja un respeto mutuo por la individualidad y las aspiraciones personales del otro. Apoyar las metas de tu pareja demuestra que valoras su felicidad y satisfacción; además, es casi una garantía de que no terminarás en Es/SoyYoElCretino. También fomenta un ambiente de trabajo en equipo, donde ambos miembros de la pareja se sienten alentados y empoderados para crecer, tanto de forma individual como en conjunto

Entonces, no sientas pena por ser porrista de tu amorcito. Incluso si eso significa darle ánimo mientras aprende a tocar «Dammit» de Blink-182 en el ukulele o celebrar su decisión de iniciar un pódcast sobre cómo sus canciones alternativas favoritas de los noventa conectan con lecciones de vida importantes.

NO ES GRAN COSA

Lamento aferrarme tanto a los Gottman, pero ¿de qué otra manera voy a lograr que ME NOTEN? Además, son los GOAT del éxito en las relaciones a largo plazo y leyendas absolutas en el campo de la psicología. Como sea, J&J recomiendan responder amorosamente a los pequeños momentos de conexión con tu pareja.

Los momentos de conexión pueden ser algo tan simple como que tu pareja te envíe un TikTok o comparta el pensamiento azaroso de que su hermana es mala. Cuando respondes de manera positiva en estos momentos («Guau, otro TikTok interesante e informativo. ¿Cómo le haces para encontrarlos?» o «Ay, por DIOS, ¿por qué tu hermana es así?»), le demuestras a tu pareja que valoras sus pensamientos y experiencias, y que te interesa compartir esos momentos con ella. Responder de manera consistente durante estos instantes de conexión, que básicamente conforman la totalidad de la relación si lo piensas, creas una «cuenta bancaria de la relación» de buena voluntad y confianza.

De hecho, la investigación de los Gottman descubrió que las parejas que responden de manera consistente a los momentos de conexión mutuos tienden a sentirse mucho más felices y satisfechas en su relación. Así que nunca subestimes el poder de las respuestas amorosas pequeñas, ya que se suman para formar un vínculo resiliente y profundamente conectado. Y también es divertido hablar mierda de otras personas juntos, como pareja.

SIEMPRE DE NOVIOS

Sé que suena muuuuucho a cliché, y ya lo he resaltado antes en el libro, pero nunca dejen de tener citas. Sigan seduciéndose. Busquen impresionar. Mantengan viva la emoción.

Sí, es más complicado mantener la magia de las noches de citas una vez que se desvanece la fase de luna de miel, y puede parecer particularmente imposible hacer tiempo cuando tienen hijos/mascotas/empleos que crean un caos adorable/irritante. La vida se interpone, lo entiendo. Pero establecer la intención de mantener viva esta tradición puede hacer maravillas para mantener la chispa y profundizar su lazo.

No dejen de arreglarse y salir a tener cenas románticas. Vayan a dar un estúpido paseo por la sucia naturaleza. Vean una película y luego tomen una taza de café para hablar de ella. No importa lo que hagan mientras traten esas noches de citas como una parte sagrada de su rutina en pareja. Esto es tan relevante en el año 15 como en el segundo.

¿Recuerdas que no podías esperar a averiguar todo sobre tu amorcito cuando recién comenzaban a salir? Con el tiempo, todas las parejas sienten que llegaron a un punto donde lo saben todo. Pero si bien es posible que ya sepas todas las historias de la niñez y todo el pasado caótico de relaciones de tu amorcito, nunca vas a terminar de conocer todo lo nuevo que le gusta y todas las formas interesantes en que van a crecer y evolucionar. Así que, ya sea su nuevo amor por The Real Housewives (¡VIVA RHONY POR SIEMPRE!) o su inesperada y para nada problemática obsesión con las criptomonedas (por cierto, tengo en oferta una edición limitada preciosa de NFT[1] de TherapyJeff. ¡Muy rara!), interésate y siente curiosidad. No importa cuánto lleven juntos, siempre hay algo fresco que descubrir respecto a tu pareja. Nunca dejes de hacer preguntas y fomentar esa sensación de maravilla. ¡Realmente es una parte asombrosa del viaje de la relación!

SOLO SE VIVE UNA VEZ

Una referencia al primer capítulo, cuando apenas eras un novato pequeñito de las citas y te dije que quería que tuvieras una relación segura a largo plazo. Has llegado muy lejos, y se mantiene en pie mi excelente punto. Incluso si las relaciones seguras pueden sonar tremendamente aburridas, proporcionan mucha comodidad por la

[1] Sigla de Non-Fungible Token, un activo digital encriptado. *(N del t.)*.

estabilidad y la seguridad. Y si eso es lo que buscas, tienes que desempeñar el papel. Incluso si no te resulta natural, es algo que puedes aprender, y nunca es tarde para comenzar, ya sea que lleves dos meses con tu pareja o veinte años.

La doctora Sue Johnson, quien desarrolló la Terapia Focalizada en las Emociones, es una experta en relaciones seguras a largo plazo (¡Soy gran fan de Sue! Lee su libro *Abrázame fuerte: siete conversaciones para un amor de por vida*). La doctora Johnson recomienda desarrollar activamente ciertas características que dan respaldo a una relación exitosa, sana y feliz. No es coincidencia que todas ellas se mencionen en detalle a lo largo de las páginas de este libro. Pero como recordatorio final, Sue y yo te recomendamos cultivar:

1. **Accesibilidad.** Manténganse presentes el uno para el otro, siempre listos para escuchar o brindar un hombro sobre el cual llorar. Estén abiertos a las necesidades y preocupaciones del otro.
2. **Responsividad.** Cuiden sus espaldas mutuamente validando y empatizando con las emociones del otro. Reconfórtense y apóyense cuando las cosas se pongan difíciles.
3. **Interacción emocional.** Compartan sus emociones de forma abierta y honesta para forjar una conexión emocional profunda y duradera.
4. **Comunicación efectiva.** Vuélvanse profesionales en hablar y resolver conflictos de manera positiva. Sin drama, expresen sus necesidades, sentimientos y deseos de forma honesta y directa, sin miedo al rechazo o a la crítica.
5. **Confianza.** Confíen en que pueden contar el uno con el otro, tanto emocional como físicamente. Crean en que tienen un sistema de apoyo sólido en su relación.
6. **Seguridad.** Siéntanse a salvo y seguros en su relación, teniendo presente y valorando su vínculo fuerte y estable, el cual puede resistir cualquier tormenta.

7. **Flexibilidad.** Adáptense al cambio y enfrenten los retos juntos. No importa lo que la vida les arroje, ajústense y superen las dificultades como un equipo.

MUY LARGO; NO LEÍ

Agárrate, porque me voy a poner cursi.

«Míranos. Ey, míranos».

Paul Rudd, Hot Ones.

Es vital honrar la verdad de que formar y mantener una relación a largo plazo en la que puedes ser tu versión auténtica es una de las experiencias más gratificantes y especiales que una persona puede tener en la vida. Este viaje en el que se han embarcado, esta exploración conjunta del amor, es más que solo una relación. Es un testamento de la conexión humana, de la alegría de las experiencias compartidas y de la belleza del crecimiento mutuo.

El camino estará repleto de incontables idiosincrasias adorables, intereses en constante evolución, defectos florecientes y cambios no anticipados durante tu viaje individual y colectivo. Habrá momentos en los que quieras rendirte, anidados justo al lado de los momentos en los que literalmente no puedes imaginar estar sin tu persona, como un nivel de amor en el que, sin dudarlo, saltarías frente a un autobús por esa persona. Y entre estos cambios continuos, el amor —un amor auténtico e integrado— será la confiable brújula que te guiará hacia un entendimiento, aceptación y evolución más profundos.

Ganas de vomitar, ¿verdad? Pero también de sollozar.

Nunca olvides la importancia de la curiosidad, la paciencia y la comunicación abierta, así como dar prioridad al tiempo de calidad. ¡Practica el perdón, imbécil! Celebren los triunfos del otro. Apoya los sueños y aspiraciones de tu pareja, ¡incluso si son tontos! ESPECIALMENTE SI SON TONTOS.

Cada acto de amor, cada momento compartido, cada victoria y cada reto que afrontan juntos son los ladrillos y la argamasa sobre los cuales se apoyará su relación duradera.

La guía de supervivencia presentada en este capítulo no es un reglamento estricto, sino una caja de herramientas para ayudarte a sortear la gratificante complejidad de una relación a largo plazo. Revísala de nuevo, según lo necesites. Mantente fiel a ti mismo, a tu pareja y al amor que comparten.

Una relación a largo plazo no trata sobre el destino, sino sobre valorar y disfrutar el viaje mismo y la historia de amor única de la que eres coautor. Porque, al final, nada es más especial que eso, aparte de hacer que todos sus amigos se sientan locamente celosos por su perfecta relación. Fuera de eso, lo especial definitivamente son esas estupideces del amor y la conexión humana.

Una relación a largo plazo no trata sobre el destino, sino sobre valorar y disfrutar el viaje mismo y la historia de amor única de la que eres coautor.

Antes de adentrarnos en el terreno de las rupturas compasivas y éticas, responde estas preguntas:

1. ¿Qué barreras impiden que haya un amor integrado en tu relación? ¿De qué formas ya lo experimentan tu pareja y tú?
2. ¿Te resulta difícil mantener tu versión más auténtica una vez que estás en una relación? ¡No te pasa solo a ti! ¿Qué pasaría si comunicaras abiertamente tu evolución?
3. ¿Consultas de manera regular tus listas para asegurarte de que tu relación satisface las necesidades que identificaste como importantes para tu yo auténtico?
4. ¿Puedes expresar tus necesidades, sentimientos y deseos de manera honesta y directa sin temor al rechazo o a la crítica?
5. ¿Cuándo fue la última vez que le agradeciste o le ofreciste aprecio de algún otro modo a tu pareja por las cosas pequeñas que hace y lo maravilloso de su ser? Si la respuesta no es «Hoy», haz una lista con las cinco formas en las que podrías expresar gratitud a tu pareja durante la próxima semana.
6. ¿Con qué frecuencia pasas tiempo de calidad con tu pareja? ¿Cuáles son las barreras para extender ese tiempo? ¿Cuáles son sus formas favoritas de pasar tiempo de calidad juntos? Anota tres cosas que hagan de manera regular y dos ideas nuevas.
7. ¿Mantienes listas mentales meticulosas de pequeños deslices y rencores mezquinos? ¿Qué pasaría si las borraras?
8. ¿Qué es lo que más valoras de tus amigos? ¿Esas características se encuentran también en tu relación romántica? ¿La amistad que tienes con tu pareja es fuerte?

9. ¿Conoces y apoyas las metas de tu pareja? ¿Cuáles son (anótalas)? ¿Hay algo más que podrías hacer para ser su porrista número uno?
10. ¿Qué cositas pequeñas hace tu pareja para crear momentos de conexión? ¿Cómo respondes a ellas?
11. ¿Sientes que sabes todo lo que se puede saber sobre tu pareja (*spoiler*: ¡no es el caso!)? Rétate a pensar en tres preguntas sobre tu pareja cuyas respuestas desconoces.
12. ¿Cuáles de las características de las relaciones exitosas a largo plazo (página 225) parecen más fáciles de cultivar?, ¿cuáles parecen más desafiantes? ¿A qué crees que se deba?

CAPÍTULO **DOCE**

EL TIERNO ARTE DE ROMPER

Las rupturas son lo peor de lo peor. Si soy yo quien termina, estoy cien por ciento seguro de que preferiría ser a quien terminan. Y si soy a quien terminan, lo daría todo por intercambiar lugares. Básicamente, no quiero tener nada que ver con el proceso de ruptura. Si es hora de que una relación termine, necesito que me dejes en el Centro Eterno Resplandor de una Mente Sin Recuerdos y me borres toda la memoria (excelente película de ruptura, por cierto). Llénenme de daño cerebral para no tener que sufrir ni por un maldito segundo.

Las rupturas me destruyen, y no soy el único.

Si sacas algo de este capítulo, que sea lo siguiente: el dolor emocional que experimentas cuando una relación termina es válido.

No importa si estuvieron juntos durante dos meses o dos años. Si es una separación consciente o un incendio hasta los cimientos que arrasa el terreno, las repercusiones son reales, y la sanación lleva tiempo.

Saber con exactitud cuándo dejar de invertir tiempo y energía en una relación que falla puede ayudar. Tras una ruptura, muchos nos preguntamos si debimos haber permanecido más tiempo o si deseamos haber terminado mucho antes. En este capítulo, veremos la forma de interpretar lo mejor posible las hojas de té de una relación condenada y qué hacer una vez que sabes que quieres terminar las cosas definitivamente. También te proporcionaré estrategias para lidiar con la recuperación de la ruptura y consejos para evitar la seductora trampa de volver a relaciones que ya agotaron su curso (perdón, pero pasaste por la pesadilla de una ruptura por una razón, mi amigo).

SHOULD I STAY OR SHOULD I GO?[1]

Determinar si debes terminar una relación puede sentirse como una decisión demasiado compleja, y en ocasiones lo es. Desenredar los hilos de la vida compartida que crearon —en especial si viven juntos, combinaron finanzas, compraron juntos un viñedo en el sur de Francia o tienen factores adicionales a considerar, como hijos o mascotas— es desalentador.

Entonces, ¿cómo se supone que sepas si una ruptura es la decisión correcta?

Como lo mencioné en el capítulo anterior, consultar tus listas como parte de la rutina de una relación sana puede ayudarte a reconocer el surgimiento de cualquier problema que choque de frente contra las cosas fundamentales que identificaste para tu yo auténtico. Pero es raro que un nuevo comportamiento enorme, que sea un motivo de ruptura, emerja repentinamente y resulte obvio terminar la relación HOY.

A veces es tan simple como escuchar de verdad a tu instinto.

---

[1] Título de un éxito de The Clash. Literalmente, «¿Debo quedarme o debo irme?». *(N. del t.)*.

Obvio, ¿cierto? Pero no siempre es fácil conectar con tus verdaderos sentimientos porque a menudo se ocultan detrás de emociones poderosas y ruidosas, como el miedo a herir a tu pareja o la ansiedad respecto a ramificaciones potenciales.

Primero, pregúntate: «En el fondo, ¿hay algo dentro de mí que está al tanto de que la relación debe terminar?».

No hablo de los pensamientos normales de todos los días como «Por Dios, mi pareja a veces es tan irritante, especialmente en estos aspectos específicos». Esos van y vienen para todos. Pero si de manera constante reprimes el conocimiento de que la relación ya agotó su curso porque te resulta incómodo, con frecuencia esa es toda la evidencia que necesitas.

Si no tienes acceso a tu intuición, no confías en ella o llevas toda una vida ignorándola, no estás solo.

Seamos un poco más prácticos con nuestra recolección de datos. Estas son diez preguntas que me gustaría que te formularas:

1. ¿Nos criticamos constantemente y no hacemos nada en absoluto para cambiar esa dinámica?
2. ¿El desprecio ya se asentó? ¿Me siento preparado para perder la cabeza e ir de cero a cien cuando mi pareja hace algo que, aunque sea objetivamente menor, de inmediato detona mi ira y toma el control de mi mente porque está conectado a tantas otras cosas? ¿Busco estupideces por las cuales molestarme?
3. ¿Estamos tan a la defensiva que nos negamos a hacernos responsables de, bueno, todo? ¿Nos la pasamos culpándonos el uno al otro una y otra vez hasta terminar agotados?
4. ¿Cualquiera de los dos cierra la boca, se pone superevitativo o parece adormecido cuando surge un desacuerdo o una discusión?
5. ¿Están disminuyendo las interacciones positivas o amorosas? ¿Siquiera existen?

6. ¿Todavía sentimos atracción el uno por el otro?, ¿o el sexo se ha ido en picada sin que haya señal de que se pueda recuperar? ¿Seguimos demostrando afecto de otras formas? Si no, ¿hablamos al respecto?
7. ¿Hay una ausencia real de respeto o admiración? ¿Te sientes valorado en tu relación? ¿Se menosprecian mutuamente o les hablan a sus amigos sobre lo poco que soportan al otro?
8. ¿Sientes que forman parte del mismo equipo? ¿Te sientes solo, aunque todavía estés en la relación (¡Auch, es el peor sentimiento!)? ¿No te sientes apoyado o amado?
9. ¿Confías en tu pareja? ¿Ha habido mentiras, traiciones o incidentes no resueltos de infidelidad de forma repetida?
10. ¿Ya no eres capaz de mantener tu sentido de identidad en la relación? ¿Sientes que has perdido tu individualidad? De ser así, ¿lo hiciste con el fin de mantener la relación a flote?

No será algo blanco y negro, pero responder estas preguntas debería darte información valiosa.

Si todavía estás indeciso y razonablemente seguro de que no te contienes por miedo o ansiedad, considera si eres capaz de reunir suficiente amor para darle otra oportunidad a la relación.

¿Puedes darle la vuelta a la hoja y comenzar un nuevo capítulo? ¿Puedes hablar de forma honesta con tu pareja respecto a tus preocupaciones? ¿Qué debe ocurrir para que consideres darle otra oportunidad a la relación? ¿Eres capaz de perdonar y dejar ir los rencores pasados?

Te pregunto esto como un reto gentil porque en este mundo moderno las relaciones son tratadas cada vez más como algo desechable. Existe la percepción de que hay un suministro interminable de parejas potenciales esperándote a solo un *match* de distancia. Cuando llevas tiempo lejos de la soltería, esa idea puede resultar atractiva. Pero recuerda, también es algo agotador.

Cada conexión es única y cada persona es un individuo complejo, no un perfil intercambiable en una pantalla. Si piensas que hay algo que valga la pena salvar, ¡sálvalo!

¿UNA RUPTURA O UN TIEMPO?

La idea de «darse un tiempo» de la relación ya existía mucho antes de que, en *Friends*, Ross y Rachel dividieran a la nación hace cien años. Y yo como que la odio. Si R y R hubieran acudido conmigo para recibir terapia de pareja, ¡les hubiera dicho que no se tomaran un descanso!

Dicho eso, si de verdad necesitas algo de tiempo a solas para pensar y averiguar lo que quieres, entonces bien, pide un tiempo mientras no sea porque tienes demasiado miedo de terminar definitivamente. Es normal tener dificultades para decir adiós. Pero si ves «un tiempo» como paso intermedio en un camino que sin duda termina en «ruptura», intenta enfrentar el miedo y terminar la relación. No hacerlo solo causará heridas a ambos a la larga.

Si decides pedir un tiempo, sugiero que resuelvas lo siguiente con tu pareja:

1. **Identifica el propósito.** Entiende y explica por qué necesitas este tiempo. ¿Es para obtener perspectiva?, ¿para revalorar tus sentimientos? Sé honesto contigo mismo y con tu pareja respecto a tus motivos.
2. **Establece límites claros.** ¡ESTE NO ES UN PERIODO DE «PASE LIBRE»! Decidan las reglas respecto a otras relaciones, parejas sexuales, frecuencia de comunicación y encuentros entre ustedes.
3. **Establece un cronograma.** Las pausas indefinidas producen incertidumbre y ansiedad. Discute un cronograma razonable con

tu pareja respecto al tiempo. Yo diría que no más de dos o tres semanas.

4. **Mantén el respeto.** Incluso durante ese tiempo, sigue respetando los sentimientos y necesidades de tu pareja. Evita realizar acciones que puedan causar mayores heridas o confusiones. Solo asegúrate de ser bondadoso y ético.
5. **Comunícate.** Cuando termine el tiempo, ten una discusión abierta y honesta respecto a tus experiencias y sentimientos. Es probable que esta conversación determine el futuro de la relación, así que es un asunto muy importante. Trátalo como tal.

Recuerda, estas son guías y cada situación es única. Pero seguir este esquema podría ayudar a que la pausa sea más constructiva y menos dañina.

¿PODEMOS HABLAR?

Diste tu mejor esfuerzo para escuchar tu instinto, te hiciste las preguntas difíciles, y ahora estás listo para romper con tu pareja. Entonces, viene la parte más difícil: decirle que quieres terminar la relación.

No te preocupes demasiado por el momento. No hay un buen momento para romperle el corazón a alguien, rompecorazones. Lo mejor que podemos hacer es tratar de ser considerados. No des la noticia la noche previa a su examen final de «Voy a ser un doctor de verdad», o lo que sea, pero tampoco lo retrases porque ya viene su vigésimo sexto cumpleaños dentro de cuatro meses. No es por ofender a quienes tienen 26, ¡pero esa edad no importa! Y vaya manera de tratar a un casi doctor. ¡¿De verdad quieres terminar?!

Sí, de verdad lo quieres. Pero ¿qué se dice?

Puedes cambiar las palabras o adaptarlas a tu situación única, pero a veces necesitas que alguien te lo explique con manzanitas, y me honra ser ese alguien.

Recomiendo comenzar con el clásico: **«¿Podemos hablar?»**.

Una frase que hiela la sangre, sí, pero también es el código universal para las conversaciones importantes que le permite a tu pareja prepararse mental y emocionalmente para lo que viene.

En el capítulo siete, recomendé hablar sobre las preferencias de ruptura al inicio de la relación. Si tu relación es conmigo, ya te dije que, si algún día quieres terminar, me gustaría recibir por adelantado un mensaje donde me digas que necesitamos hablar. Eso me permite tener una reacción emocional privada, y me da la opción de responderte cuando esté mentalmente preparado. Puedo pedirte que continúes por mensaje, hagas una llamada o nos veamos en persona. Es amable y respetuoso. ¡¿Por qué no todos lo hacen?!

Luego de decidir por tu cuenta cómo presentar la frase «Necesitamos hablar», sé directo y conciso.

Debería sonar parecido a:

—**Últimamente lo he pensado mucho, y quiero terminar nuestra relación.**

Eso es todo. Simple y, sin embargo, tan difícil como salir de la cama cuando no quieres o como doblar las sábanas.

A partir de este punto, depende de ti. Todo es cuestión de sacar esas palabras difíciles al mundo. Recomiendo que expliques la razón por la que quieres terminar la relación y te tomes el tiempo para escuchar cómo se siente esa persona al respecto, mientras te mantienes tan honesto y gentil como puedas.

Pero cuánto quieras extender la conversación es decisión tuya. Podrían ser cinco minutos o cinco horas. Yo recomiendo tender hacia la brevedad y después tener otra conversación más tarde (espera una semana) cuando las emociones no sean tan intensas, si sientes que sería constructivo discutir el asunto.

Si tu ex quiere hablar en varias ocasiones a lo largo de semanas o meses para procesar la relación, no estás obligado a mantener el proceso indefinidamente solo porque te sientas culpable por haber terminado.

CINCO RAZONES POR LAS QUE PREFIERO QUE ME TERMINES POR MENSAJE (SI LLEVAMOS JUNTOS MENOS DE SEIS MESES)

A veces, en ciertas situaciones, pienso que terminar las cosas a través de un mensaje privado es la opción preferida porque...

1. **¡No tiene que ser todo un asunto!** Terminar en persona involucra conversaciones largas y procesamiento y bla, bla, bla. Pero los mensajes pueden ser cortos, dulces y directos. ¿No hay que despedirse de forma incómoda o irse caminando dramáticamente? Apúntenme.
2. **No puedes ver mis reacciones emocionales.** Si estoy oculto tras una pantalla, puedo mostrarme como quiero que me experimentes. ¿Es menos auténtico? Por completo, pero quizá quiero ocultar mis sentimientos, y los mensajes permiten hacer eso. Amo ese control.
3. **No hay encuentros sexuales finales.** Lo cual puede parecer como una oportunidad perdida, de seguro. Pero si nos metemos a la cama, terminaré confundido y queriendo más. Prefiero sentirme triste o enojado a desear tu cuerpo.
4. **¡Tengo las evidencias!** No tengo que depender de mi memoria de porquería para recordar con exactitud lo que dijiste durante una experiencia emocional intensa. Si te portas como un cretino, tengo las pruebas en mi teléfono para siempre y puedo volver a verlas cuando quiera.
5. **¡No tengo que ver tu estúpida cara!** Pero si quiero ver tu estúpida cara, puedo pedir ver tu estúpida cara, lo que me

permite consentir una ruptura en persona con tu estúpida cara, en vez de tener que ver tu estúpida cara sin opción.

NADA DE ARREPENTIRSE

Una de las cosas jodidas acerca de una ruptura es que probablemente ambos sean honestos y vulnerables, quizá por primera vez en mucho tiempo, y eso puede sentirse como una unión. Ese sentimiento puede hacer que dudes de lo que haces y abandones el plan de ruptura.

Revelación total: me pasa alrededor del 50% de las veces. Tengo debilidad por la vulnerabilidad. Cada vez que eso ocurre, la ruptura se prolonga y me obliga a tener otra insoportable conversación. Si es tu caso, acompáñame a resolverlo y no te retractes de todo lo que acabas de decir porque, de pronto, sientes más conexión íntima que nunca.

También es posible que quieras retractarte de la ruptura porque *de verdad* estás sintiendo la pérdida, y es más dolorosa de lo que esperabas. Es un sentimiento normal, pero es egoísta pedir continuar porque no puedes manejar el luto en el momento.

Lo lamento, pero definitivamente necesitas escuchar esto: no necesitas acostarte con esa persona «una última vez». De nuevo, no es raro quererlo, pero es una definición del libro de texto de las señales contradictorias. Además, será mucho más extraño y triste de lo que piensas: después alguien tendrá que irse, y todos se sentirán pésimo. No lo vale.

No seas la persona que da respaldo a tu expareja ante el dolor de la ruptura. Sé que has sido su persona principal todo este tiempo, así que es difícil y contradictorio lastimarla y después irte. Pero, de nuevo, estarías mandando algunas señales contradictorias muy jodidas.

Ya no es tu trabajo reconfortarla. Tendrán que ponerse en contacto con sus amigos, familiares y su comunidad para recibir apoyo y sanación —grítalo a los cuatro vientos, Scheana—, al igual que tú lo harás, y es mejor establecer eso desde el inicio.

Tu ex era una persona completa antes de conocerte, y será una persona completa después de ti. Claro, es obvio que eres increíblemente especial, pero créeme cuando digo que pueden sortear la ruptura sin tu ayuda. Quizá sufran, y puede que tú también sufras, pero ambos lo superarán. Y es probable que esa persona crezca, evolucione y se vuelva más fuerte debido a ello.

Las relaciones terminan. Es uno de los riesgos principales que tomamos al comenzar una. ¡A nadie le gusta!

Pero terminar una relación que ya no satisface tus necesidades es lo más ético. No eres una mala persona por cambiar de parecer. Está perfectamente bien querer algo diferente.

Sus sentimientos no son más importantes que los tuyos. No le des más prioridad a su felicidad que a la tuya. Solo tenemos una vida en nuestra forma corporal actual (lee más sobre el mundo espiritual en mi próximo libro, *Todo comienza con una muerte*), y mereces sentir felicidad y plenitud.

HEARTBREAK HOTEL[2]

Tu corazón está roto. Tu vida está hecha pedazos. No sabes qué hacer contigo mismo. Perdiste contacto con la persona que eres, que solías ser. Todo se siente horrible y tienes miedo de que esto durará para siempre. No puedes ver la luz al final del túnel. No hay túnel. Estás en una cueva totalmente a oscuras repleta de dolor. Una parte de ti sabe que esto es algo normal y que con el tiempo volverás a levantarte, pero en este momento eso no ayuda. Estás hundido en tu pesar, y pareciera no haber salida.

---

[2] Título de un éxito de Elvis Presley. Literalmente, «Hotel de los corazones rotos». *(N. del t.)*.

Te acaban de terminar. Quizá las señales eran evidentes, o quizá sentiste que surgió de la nada y te arrojó sobre tu trasero. La versión que eras con la persona que acaba de arrancarte el corazón dejó de existir. Es una pérdida real que debe ser reconocida.

El antiguo tú se fue. El nuevo tú todavía no llega. Estás atorado en un crudo lugar intermedio.

Tal vez tengas problemas para salir de la cama o incluso pierdas el apetito. Quizá veas en maratón 47 episodios de una serie de calidad cuestionable porque nada tiene sentido, así que, ¿a quién le importa?

Todos estos son síntomas normales después de una ruptura.

Esto es lo que debes saber: pasará y mejorará. Un nuevo tú crecerá a partir de ese dolor.

Pero ¿cómo? ¿Cuándo?

Primero, tómate todo el maldito tiempo que quieras. Intentar meter a la fuerza todo tu dolor y tristeza en un fin de semana largo no es forma de vivir. Tienes mi permiso para sentir todos tus sentimientos durante el tiempo que necesites. No te juzgues o critiques por sentir cualquier mezcla desordenada de emociones que surja, confusión, ira, o incluso alivio. También espera que la sanación no sea lineal y prepárate para ello.

Es probable que tengas que hacer tu estúpido trabajo o debas ir a tu tonta escuela mientras sientes un dolor increíble, lo cual debería ser ilegal. Pero puedes con ello. A medida que superes los días, especialmente cuando son tan difíciles, comenzarás a reconstruir tu resiliencia. No lo parecerá, pero las distracciones son justo lo que necesitas en este preciso momento.

Tan pronto como puedas, busca apoyo. Ya sea en una comunidad digital o con amigos reales, conectar con otras personas y dar pasos tentativos hacia la tierra de los vivos te ayudará a procesar tus emociones y a sentirte menos solo. Hazles saber el tipo exacto de apoyo que buscas y sé específico. ¿Quieres un grupo de retroalimentación? ¿Quieres que sean tóxicamente positivos? ¿Quieres que se enojen contigo? ¿Quieres que formen un ciclo que incluya las tres opciones?, ¿que se sienten en silencio junto a ti en el sillón? ¡Díselos!

Cuando salgas de tu malestar lo suficiente como para notar que tu sillón está más cubierto cajas vacías de pizza que de cojines, es hora de removerte quirúrgicamente esos pants pegajosos. Comienza por dar pequeños pasos que te lleven a desarrollar un soporte físico y mental. Empieza actividades de bajo riesgo que te produzcan alegría y tranquilidad, ya sea volver a leer tu libro favorito, salir a la cafetería a comprar un *latte*, escribir en tu diario o reconstruir tu tolerancia a los esfuerzos no caseros.

No creo que «el tiempo cure todas las heridas». Soy más bien una persona que cree que «el tiempo de sanación lo cura todo». Así que sé compasivo y paciente contigo mismo, pero cuando te sientas capaz, tómate el tiempo para reflexionar sobre la relación. ¿Qué aprendiste de ella? ¿Qué quieres evitar en relaciones futuras? Escríbelo. Hay crecimiento en el dolor, pero normalmente necesitamos salir de él para reconocerlo tal como es.

Superar que te terminen es un proceso que no tiene un límite de tiempo establecido. ¡Qué irritante, lo sé! Nadie puede decirte cuánto tiempo es demasiado, pero si estás estancado durante meses y meses, o tus emociones se vuelven abrumadoras, por favor, considera buscar el apoyo profesional de un terapeuta.

LAS SECUELAS: PREPÁRATE PARA DUDAR DE TI EN EXCESO

En los días posteriores a una ruptura, es probable que cuestiones todo respecto a esa decisión.

Si fuiste quien tomó la decisión, puede que pases horas interminables cuestionándote sobre qué pudiste haber dicho o hecho de forma diferente. ¡ESTO ES NORMAL y no significa que hayas cometido un grave error y debas volver con tu ex!

Si tú fuiste quien recibió la decisión, no significa que debas llamar a tu ex y rogarle por otra oportunidad. Hay una razón por la que no estaba funcionando. Tu malvado cerebro intenta engañarte porque solo quiere hacer lo que haga falta para volver a la «normalidad» o a un «estado basal», incluso si eso significa volver a una relación que no estaba sirviendo para nadie.

Te sientes solo, perdido y quizá un poco desesperado. Ten compasión de ti mismo. «Siente el malestar», como te diría cualquier terapeuta. El alivio de volver a saltar a la relación duraría poco.

Pueden volver a estar juntos, lo cual no va en contra de la ley. Aunque tal vez debería ser así (¡le escribiré a mi senador esta noche!). Pero antes que nada, te recomiendo con ahínco que mantengas un periodo extendido de distanciamiento durante el cual hagas un balance de las razones por las que la relación terminó y realices el trabajo emocional necesario para entender y procesar la forma en que las cosas resultaron del modo en que lo hicieron.

Respecto a contactar a tu ex, intenta no hacerlo. ¡Auch! ¡Ya sé! No hablar repentinamente con alguien que antes era el centro de tu universo es chocante y desestabilizador. Pero limitar el contacto te ayudará a desenredar tu vida de la suya para que puedas enfocarte en sanar. En algunas situaciones, puede ser más fácil, sano o incluso prácticamente necesario salir poco a poco de la vida del otro. Pero incluso en estos casos, trabajen en reducir de forma drástica el tiempo que pasan juntos y en mantener la intención de esas interacciones enfocada en resolver asuntos inconclusos (como mudarse de una casa que comparten o definir un acuerdo de custodia para su iguana, Lizzie McGuire).

Acepta que está bien sentirte mal, mal de verdad, y reconoce tus sentimientos en vez de reprimirlos. Si necesitas vivir a la defensiva o mantenerte en negación por un tiempo justo tras la ruptura, solo para que puedas sobrevivir los días, te doy todo mi permiso para hacerlo.

Dale prioridad a tu cuidado personal, y está muy bien si eso significa lloriquear por un tiempo de una manera que, en otras circunstancias, te haría sentir culpable. Comienza a ver *The Office* o *New Girl* desde el principio, e ignora los mensajes prejuiciosos de Netflix de «¿Todavía estás viendo...?». (¡Vete al diablo, Netflix!). Quédate en cama todo el tiempo que quieras. Si puedes, tómate unos días libres del trabajo por motivos de salud mental. Come tu comida favorita.

Al inicio solo se trata de sobrevivir emocionalmente, así que llega al final del día como sea que lo necesites. No obstante, para evitar que te estanques en un lugar oscuro lleno de comidas a domicilio y pijamas, haz la transición a actividades de cuidado personal más sanas tan pronto como te sientas capaz. Dar pasos pequeños hacia cosas como comer alimentos nutritivos, ir a caminar y dormir lo suficiente rendirá valiosos frutos a largo plazo. Y te aplaudo si desde el comienzo realizas esas acciones, pero no todos podemos ser así de disciplinados.

Consigue un compañero o compañeros de ruptura. Encuentra gente a la que puedas acudir cuando sientas la tentación de llamar a tu ex o de tener una relación de rebote con ese tarado necio del trabajo, o cuando la urgencia de hacerte un flequillo te sobrepase (de hecho, adelante, hazte ese flequillo. ¡Es perfecto para la forma de tu cara!).

Apóyate en tu comunidad tanto como puedas. No tengas miedo de contar con tus amigos y familiares. Les estás dando la oportunidad de respaldarte en un momento de necesidad, y tú harías lo mismo por ellos, ¿verdad? ¡No eres una carga dramática!

LA VISTA ES MEJOR DESDE EL CAMINO JUSTO

Tu ex era la estupidez encarnada, ¿verdad? No hay duda. Pero por tu propio bien, esfuérzate en mantener el respeto mutuo luego de la separación. No importa lo caótico o doloroso que haya sido el final, nunca te arrepentirás de ser la persona madura. Si sientes que tu ex te agravió, puede ser difícil reprimir la urgencia de herir sus sentimientos o causar malestar emocional. Esa persona es horrible, ¡así que es comprensible! Sin embargo, una de las maneras más efectivas de comenzar a sentirte mejor es evitar agregar nuevos remordimientos a tu mente. Intenta conducirte de tal manera que reconozcas el vínculo único que compartieron alguna vez.

LUTO, MÁS LUTO, TODO EL LUTO

En el fondo ya sabes esto, pero necesitarás entrar en contacto con tu luto y permitirte sentir todos tus sentimientos para poder avanzar. Si no lo haces, tarde o temprano te rebasará y se manifestará en todo tipo de formas horrendas.

¿Recuerdas cuando solo había cinco etapas de luto? Ah, los viejos tiempos. ¡Ahora hay siete! ¡Qué injusto! ¿Sabes qué más es injusto? Que las etapas no son lineales. Con todo respeto para la reina del luto, Elisabeth Kübler-Ross, quien desarrolló el marco de las etapas de luto: BUUUU.

Es muy común rebotar por todos lados, a veces incluso dentro de una sola hora. Debería haber algún tipo de premio por atravesar las siete en un día. Supongo que el premio es experimentar todo el espectro emocional de la pérdida y aprender más sobre ti mismo en el proceso. ¡Qué divertido! (Honestamente, es asombroso que todavía no hayas aventado este libro por la ventana al estilo Bradley Cooper).

Esto es lo que puedes esperar de este momento necesariamente miserable:

1. **Conmoción y negación.** A menudo es la primera etapa en la que te encuentras. Puede que te sientas adormecido y niegues la realidad de la situación como una forma de lidiar con el dolor

inmediato, lo cual, siendo honestos, no es la peor forma de afrontar que tu vida dé un giro inesperado.

2. **Dolor y culpa.** Esta etapa es una digna candidata para el puesto de LO PEOR. Es la que todos queremos atravesar a la velocidad de la luz; pero, irónicamente, es donde a menudo nos estancamos durante lo que parece una eternidad. Conforme la conmoción inicial se desvanece, nos golpea toda la fuerza del dolor y la culpa. Esta etapa puede ser desagradable y difícil, y puedes sentir la tentación de tomar decisiones no muy buenas. ¿Alguien dijo relación de rebote que producirá todavía más pesar? Culparse a uno mismo también es común, porque tal vez, solo tal vez, culparnos nos da la ilusión de tener el control.
3. **Ira y negociación.** Esta etapa se siente como la más patética y desesperada, pero te prometo que es normal sentirte así mientras la atraviesas. Puede que arremetas contra quienes te rodean, agites el puño contra el universo en frustración o intentes negociar una forma de volver a la relación («¡Pero puedo cambiar! ¡Será diferente esta vez!»). En esta etapa, es común tener una fijación extrema en todas las cosas positivas y convencerte a ti mismo de que todavía sientes amor.
4. **Depresión, reflexión y soledad.** Conforme la realidad de la situación comienza a asentarse, los sentimientos de tristeza y soledad pueden volverse abrumadores. Puede que pases mucho tiempo reflexionando sobre el pasado y lo que salió mal. Tu cerebro puede decirte que tu destino es estar solo para siempre, y que, incluso si tuvieras la oportunidad de empezar algo con otra persona, no hay manera de que vuelvas a tomar ese riesgo. No tiene caso. Las personas son el infierno. Todo termina. Nada es nuevo. ¿Y a quién le importa si no puedes dejar de escuchar a My Chemical Romance? ¡La cultura emo no ha muerto! Está más viva que nunca en tu negra y marchita alma. Pobre bebé. ¡Ya pasará!

5. **El cambio ascendente.** ¡Ey, mírate! De pronto, las flores florecen y los perros del vecindario te sonríen. Las cosas comienzan a parecer un poco más brillantes durante esta etapa. Adele es remplazada por Dua Lipa. Los sentimientos de tristeza y soledad aminoran —por fin, maldición—, y comienzas a tener una perspectiva más positiva de la vida. Quizá de verdad todo resulte bien para ti en el amor. O tal vez ni siquiera necesitas el amor porque te va de maravilla por tu cuenta. ¡Sí! Mírate, dibujando en tu cuadernillo en el parque y cenando en un restaurante a solas. ¡Eso te va muy bien!

6. **Reconstrucción y esfuerzo.** Durante esta etapa, de verdad comienzas a adaptarte a la vida sin tu ex. Todo lo que hacías para esa persona ahora lo haces por ti. ¿Quién la necesita? ¡Te hiciste responsable de tu mierda! Estás en evolución y no puedes parar de ver los videos de TherapyJeff. Quizá por primera vez te estás haciendo responsable. Tal vez vayas a terapia. ¡Y quizá comiences a ver tu relación pasada con gratitud de manera honesta, porque te ayudó a crecer y a creer en esa idea de que «No hay esfuerzos desperdiciados» de la que tanto habla este libro!

7. **Aceptación y esperanza.** La etapa final del luto (aunque, como sabes, ni la sanación ni las etapas de luto son lineales, bla, bla, bla) es aceptar lo que ocurrió y avanzar desde ahí. Si bien todavía puede haber alguna sensación residual de tristeza, comenzarás a sentir esperanza respecto al futuro. Y puede que dejes de sentir nervios por lo probable (y definitivo) que es que te avergüences por tu llanto incontrolable si llegas a encontrarte con tu ex. De hecho, ¡es probable que te alegres cuando sepas de su nueva relación! Pero no nos emocionemos.

Todos viven el luto de forma diferente, y la paz y el progreso de tu viaje son solo tuyos. Pero si el sentimiento de luto te abruma o se prolonga demasiado (lo cual también defines solo tú), recuerda buscar el apoyo de amigos, familiares o de un profesional de la salud mental. Buscar ayuda no es motivo de vergüenza.

DESDE QUE TE FUISTE...

Es completamente normal obsesionarnos con la idea del «cierre» conforme avanzamos por la montaña rusa emocional de las etapas de luto, pero ¿qué significa eso para empezar? El cierre es la resolución final de una relación y la verdadera aceptación que te permite atar los cabos sueltos emocionales para formar un lindo moño y avanzar sin mirar atrás.

Suena grandioso, ¿no? Pero es algo que tienes pocas probabilidades de conseguir, lo cual es muy irritante, pero así pasa. Aun así, sé que muchos nos sentimos tentados a tener una última conversación importante con nuestros ex (yo de ninguna manera soy inmune). Si no puedes resistirte, primero necesitas esperar hasta que las cosas estén considerablemente en calma. Me refiero a un mes MÍNIMO. Entonces, antes de hacerlo, necesitas saber que podría no resultar como lo esperas. Sugiero que se pongan de acuerdo por adelantado respecto a lo que van a discutir y elijan algunas de las siguientes preguntas para planteárselas mutuamente:

1. ¿Puedes decirme con honestidad por qué crees que la relación terminó?
2. ¿Qué crees que podríamos haber hecho de otra manera, si es que era posible, para salvar la relación?
3. ¿Cuándo empezaste a notar que la relación no estaba funcionando?
4. ¿Qué cosas positivas recordarás siempre sobre nosotros?
5. Si pudieras darle algún consejo a mi futura pareja sobre cómo satisfacer mis necesidades de la mejor forma, ¿cuál sería?

6. ¿De qué crees que debamos hacernos responsables cada uno respecto al resultado de la relación?
7. ¿Qué aprendiste sobre ti mientras estuviste en la relación conmigo?
8. ¿Cuáles dirías que son mis *red flags* más grandes?
9. ¿Cuáles crees que son mis *green flags* más grandes?
10. ¿Te gustaría que seamos amigos en el futuro?
11. ¿Cuál es la narrativa general respecto a la relación con la que crees que te marcharás?
12. ¿Hay algo por lo que te gustaría que me disculpara?

El cierre es elusivo, en especial cuando creemos que lo obtendremos de otra persona. Creemos que terminará con nuestro dolor, pero en realidad no lo hace. Dicho eso, si tanto tu ex como tú son comunicadores honestos y compasivos, tener esta discusión puede dar algunas respuestas a aquello que no te deja en paz.

Si no puedes tener la conversación de cierre con tu ex (por cualquier razón, incluyendo —pero no limitándote a— no querer volver a ver su estúpida cara), te irá mucho mejor si tratas de encontrar un cierre por tu cuenta.

Puedes hacerlo de esta manera:

Primero, reflexiona sobre la relación. Echa un vistazo atrás con toda la honestidad que puedas. Reconoce los buenos momentos, pero no olvides las razones que llevaron a la ruptura. Aceptar que hubo problemas puede ayudarte a entender por qué terminó la relación. Si tienes dificultades para ser honesto en tu reflexión, pregúntale a un buen amigo que haya estado en primera fila durante todo el drama; a veces la perspectiva más objetiva de un amigo querido puede ayudar a aflojar las cosas.

Después, desahoga tus sentimientos. Puede parecer cursi, pero escribe en un diario, crea arte, comienza a practicar *kickboxing*, o encuentra alguna otra válvula creativa. Considera escribir una carta dedicada a tu ex donde expreses todo lo que desearías haberle dicho (es un cliché por una razón). No la envíes. Déjala guardada en una carpeta que requiera autenticación de dos pasos para abrir. Lo terapéutico es el acto de escribir.

Por último, perdona y suelta. La finalidad del perdón es liberar el resentimiento o el deseo de venganza. No necesitas olvidar o condonar lo que ocurrió, pero perdonar a tu ex —y, MÁS IMPORTANTE AÚN, a ti— puede ser el factor más grande que te permita avanzar.

UNA NOTA RESPECTO AL PERDÓN

Existen numerosos estudios —incluido el trabajo del doctor Robert D. Enright, quien desarrolló un modelo de perdón en varios pasos— en donde se ha investigado la relación entre el perdón y la salud mental. En resumen, ¡perdónate a ti mismo, con un demonio! Y perdona a la basura de tu ex, incluso si no se lo merece. Tanto Enright como otros han probado científicamente que el perdón crea una mejor calidad de vida, mejora la salud física y fomenta una actitud más positiva.

¿Ambos hicieron cosas que no estuvieron bien durante la relación? Tal vez. ¿Cometiste ciertos actos de mierda que te causaron culpa y vergüenza? Es probable. Pero ¿sabes qué? Eres un ser humano. Tienes defectos, metes la pata y no eres perfecto. Todos merecemos ser perdonados y aprender de nuestros errores. Respira profundo, perdónate, perdona a esa persona y sigue adelante.

¡SUPÉRALO! (O, EN REALIDAD... NO LO HAGAS)

Odio sonar como un abuelo de los 90 (la verdad no), pero extraño aquellos días en los que, cuando una relación se terminaba, se terminaba. A menos que te convirtieras en todo un acosador, no había forma posible de estar al tanto de una expareja. Los finales eran abruptos y dolían, pero no tenías que lidiar con la decisión de eliminar o bloquear, o no, a alguien que acababa de romperte el corazón.

Tú lo sabes: la mejor forma de superar una ruptura no es hacer clic en actualizar mientras estás en las redes sociales de tu ex. Eso no te permite sanar, y te mantiene en un estado de luto. Las redes sociales han hecho demasiado fácil que las heridas de una ruptura se pudran por lo simple que es mantenerse al tanto de alguien. Te dices a ti mismo que solo estás siendo curioso, pero sabes que solo es una excusa para mantenerte como emo deprimido.

Incluso si logras evitar la seducción de las redes sociales, la idea de olvidar por completo a una persona o una experiencia es irreal y puede producir autocríticas y vergüenza. Retener los recuerdos y sentimientos relativos a otra persona es natural, y es posible enamorarse de alguien más mientras todavía hay sentimientos por una pareja pasada. Incluso si es incómodo o se siente equivocado, tienes la capacidad de mantener amores múltiples de forma simultánea.

No es necesario olvidar por completo a esa persona con el fin de seguir adelante tras una ruptura. Podemos sanar de nuestro pasado sin «superarlo» por completo. Pero puede que te sientas atrapado en una narrativa de «no haberlo superado» por muuuuuuucho más de lo que resulta necesario, productivo o razonable. Primero, no seas tan duro contigo. Después, intenta averiguar por qué te sientes estancado. Nombrar la razón es muy liberador. Estas son algunas de las razones más comunes por las que se te dificulta seguir adelante tras romper con tu ex (y todas son completamente normales):

- **¡Sentías apego por esa persona!** Incluso si tu ex era un completo imbécil, todavía estaban presentes en tu cerebro todos los químicos del apego. Lleva tiempo neutralizar esa química. Respeta la lenta disolución del apego en vez de intentar apresurarla.
- **Sientes apego por la fantasía de lo que pudo haber sido.** Quizá esa persona fue una gran decepción, pero había mucho potencial, y te cuesta soltarlo. Y tal vez solo tú veías ese potencial, por lo que ni siquiera puedes tener una buena conversación al respecto con nadie, lo que lo vuelve más difícil.
- **Simplemente no te gusta estar solo.** Incluso si la relación era basura quemada, una parte de ti preferiría nadar en esa basura que sentir soledad. La soledad es una de las emociones más difíciles de soportar, así que es perfectamente razonable que consideres todas las formas de dejar de sentir ese asqueroso sentimiento.
- **Tenían una conexión física ardiente que tu cuerpo todavía anhela.** Es duro (estrepitoso) pasar de tener sexo increíble a no tener nada de sexo. Una verdadera conmoción para el sistema. Tu cuerpo extraña a esa persona al punto de sentir que tienes una adicción. Lo entiendo. Pero la mejor forma de seguir adelante es tolerando la sensación de abstinencia sin recibir otra dosis.
- **Cuando era bueno, era bueno.** Puede que los puntos malos fueran insoportables, pero los buenos eran mejores que cualquier cosa que hubieras experimentado, y temes que no vayas a sentir eso con nadie más. No es verdad. Se sieeeeeente como si lo fuera, pero es mentira. E incluso si has tenido esta sensación durante cinco rupturas consecutivas, sigue siendo difícil creer que encontrarás algo mejor con otra persona tras la ruptura más reciente. Lo encontrarás.
- **Tenías adicción por el drama.** Quizá era salvaje, caótico y abrumador... ¡pero te encantaba! Sientes la ansiedad, estás pasando por el síndrome de abstinencia y quieres que te devuelvan tu droga.

Como dije, toléralo, distráete y tómalo con calma, un día a la vez. SÍ se desvanecerá.

✧ **A final de cuentas, la relación tuvo mucho impacto.** Quizá hasta definió tu vida. Incluso si al final no fue el mejor *match*, te dio significado, propósito e identidad. Ahora, de pronto, sientes que no sabes quién eres. Tómate algo de tiempo para explorar esa pregunta. Prueba algo nuevo. Restablece tu sentido de identidad. Acepta que estás pasando por una crisis existencial potencial que tiene más que ver con conectar con tu yo auténtico que con la relación.

El concepto de una ruptura indolora es un mito, bebé. Si tratas de averiguar cómo terminar la relación sin exponerte a ti o a tu pareja a ningún dolor, solo te vas a decepcionar. Cuando una relación termina, no puedes escapar del dolor, las heridas, la pérdida y el corazón roto. Claro, tal vez logres mantenerlos a raya por un tiempo, pero enterrar tus sentimientos o distraerte no te salvará.

Las rupturas son brutales. En vez de buscar una elusiva separación indolora, reconoce de forma consciente el malestar y acéptalo. Entiende que estás atravesando un periodo difícil. El dolor es lo que te sacará más rápido de la desgracia.

Avanzar no significa olvidar o reprimir el dolor; significa aprender de él. Cada desengaño amoroso ofrece una lección, y si estás abierto a aprenderla, serás más sabio y estarás más conectado con las necesidades y deseos de tu verdadero yo. El dolor puede parecer insoportable ahora, pero la buena noticia es que eso es temporal. Consulta el confiable tatuaje de «Esto también pasará» que tienes en el tobillo (¡Qué lugar tan inteligente para ponerlo!). Quizá te sientas temporalmente deprimido, lo cual tiene mucho sentido, pero recuerda, esta es una oportunidad para el crecimiento y el autodescubrimiento.

Si estás enfrentando tu primer gran ruptura, bueno, estás en buena compañía. Todos hemos pasado por eso. Si vas en la ruptura número 14, te veo. No se vuelve más fácil, ¿verdad? Pero si Stevie Nicks pudo canalizar su corazón roto para crear *Rumours* (o también Adele con *21*, si el Mac Attack no es tu vibra), tú puedes enfrentar otro día. Las rupturas ocurren. (Nota personal: ¡¿idea millonaria de una calcomanía para coches?!). Dicho eso, si Zendaya y el rey bajito Arañita Holland no lo logran, temo por la salud mental de nuestra nación.

En resumen: permítete sentir, permítete sanar, y cuando estés listo, permítete seguir adelante con un corazón más fuerte. Hablaremos de ello en el siguiente capítulo, pero primero responde estas preguntas:

1. Si en este momento no estás considerando una ruptura, ¿has hablado con tu pareja respecto a las preferencias que tienen sobre cómo manejar el fin de la relación si llegara a ocurrir?
2. En relaciones pasadas, ¿cómo ocurrieron las rupturas? ¿De qué te arrepentiste?
3. ¿Cómo luce normalmente el momento posterior a una ruptura para ti? ¿Tuviste lo que necesitabas en esos primeros días?
4. ¿Cómo luce normalmente el «seguir adelante» tras una relación para ti? ¿Qué mecanismos de afrontamiento te ayudaron? ¿Qué harías diferente en un futuro momento de ruptura?
5. ¿Cómo guardaste luto en relaciones pasadas? ¿Pudiste ser paciente y compasivo contigo mismo? ¿Hay algún paso que podrías realizar ahora para prepararte mejor?
6. ¿Has vuelto con alguna expareja en el pasado? ¿Cómo resultó? ¿Qué factores evitaron que la ruptura se «mantuviera»?

7. ¿Has considerado pedir «un tiempo» en tu relación? ¿Qué evita que termines la relación de forma decisiva? ¿Es un asunto que podría resolverse mejor en conjunto?
8. ¿Piensas frecuentemente en terminar tu relación actual, pero no puedes hacerlo en realidad? Tras leer este capítulo, ¿qué te ayudaría a decidirte?
9. Escribe una lista con las preocupaciones prácticas alrededor de una ruptura potencial. ¿Hay algún plan que podrías desarrollar de antemano respecto a cómo resolver asuntos como la cohabitación, las finanzas conjuntas o grupos de amigos mutuos?
10. ¿Una parte de ti piensa que hay algo que vale la pena salvar en la relación? ¿Cómo luciría el intentarlo de nuevo?
11. ¿Qué etapas del luto de una relación te parecen más intimidantes? Menciona tres formas en las que podrías planear tu propio apoyo con compasión durante esos momentos.
12. ¿Cómo definiste el *cierre* en el pasado, y cómo lograste conseguirlo? ¿Sería diferente ahora?

EPÍLOGO

QUE NO SE TE ESCAPEN, TIGRE

Llegaste al final del libro, y estás justo en medio de una relación que satisface tus necesidades. ¡Maravilloso! Probablemente sea tu mejor relación hasta la fecha gracias a mi guía. No hace falta que me lo agradezcas. Me siento feliz por ti.

Aunque ya abarcamos esto, permíteme darte un par de recordatorios importantes para que tu relación se mantenga a tono. Es una lista de grandes éxitos, si así lo quieres ver:

1. No pases por alto los pequeños momentos de conexión con tu amorcito. Mira ese tonto TikTok que te envió, y manda uno de vuelta. Lee el estúpido artículo sobre extraterrestres que te compartió; en realidad, no es para nada estúpido y deberías tomarlo en serio (¡¿ya tienes listo un kit de emergencias?!).
2. ¡Salgan juntos de su zona de confort! Realicen actividades atemorizantes que los llenen de adrenalina. Así mantendrán las cosas frescas y profundizarán su conexión.
3. Tengan noches de citas. Tengan sexo en lugares extraños. Bésense solo por besarse.

4. Hablen de temas vulnerables e incómodos de forma regular, para que las conversaciones incómodas no se sientan tan incómodas.

5. Pasa tiempo pensando de forma activa en cómo puedes ser una mejor pareja para tu amorcito, y luego sé esa pareja. Nunca dejen de crecer, evolucionar y celebrar el crecimiento y la evolución del otro.

6. Tengan sus propias actividades fuera de la relación, y luego vuelvan y hablen al respecto.

7. Háganse responsables cuando lastimen los sentimientos del otro, incluso si no era su intención. Digan «lo siento» como si de verdad lo sintieran... porque de verdad lo sienten.

8. Da concesiones. Haz sacrificios. Pero no al grado de comenzar a estar resentido con tu pareja.

9. Dale a tu amorcito el beneficio de la duda. Recuerda que no tiene la intención de lastimarte. Recuerda que es preferible estar conectados que tener la razón.

10. No te contengas cuando necesites que tu pareja te reconforte y valide. Pedirlo significa que tienes buenas habilidades de comunicación.

11. No te contengas cuando quieras decirle a tu amorcito lo bello que luce, lo inteligente que es y lo mucho que lo adoras.

12. Nunca dejes de crear un ambiente que permita a todos los integrantes de la relación sentirse lo bastante seguros y a salvo como para ser su versión más auténtica.

Por el contrario, si luego de una relación que duró seis semanas, dos meses o diez años, de nuevo estás en la soltería, ¡bienvenido al club! La compañía será grandiosa, aunque no deje de sentirse como una patada en el trasero. Tú lo sabes, pero como terapeuta estoy obligado a decirlo: hay más en la vida que las relaciones románticas.

Guácala, lo sé... pero es el final del libro. No seas tan duro, ¡estoy emocional!

La vida está repleta de una cantidad interminable de oportunidades, experiencias y conexiones significativas que trascienden más allá de conseguir a tu pareja eterna o saber de manera consistente que los sábados son para convivir. Apóyate en tus amistades, lánzate a tus pasiones, preocúpate por tu carrera profesional (si debes hacerlo), permítete el tranquilo confort de la soledad, maratonea las 45 temporadas de *Survivor*. ¡Para cuando este libro salga a la venta ya podrían ser 46 temporadas! Espera, ¡¿has escuchado algo?! ¡¿Crees que me pidan estar en la temporada 47?! (Le informo al universo que el terapeuta favorito de internet definitivamente respondería esa llamada).

Incluso si tú (yo) nunca te pones tu (me pongo mi) short más corto para ser más listo, más hábil y duradero, tu (mi) existencia es la suma **total** de tus (mis) diversas experiencias. Sí, las relaciones románticas pueden crear temporadas memorables en el grandioso *reality show* que es tu vida, pero solo son temporadas. No son la serie completa.

GUARDEMOS LA CALMA POR UN MINUTO, ¿DE ACUERDO?

Recomiendo tomar un pequeño descanso luego de que una relación llegue a su fin. Mis pacientes no siempre siguen este consejo. *Yo* no siempre sigo este consejo. Es tentador no hacerlo. Volver al ruedo de inmediato es una elección popular para enmascarar los sentimientos negativos que rodean una ruptura.

Y sí, a veces eso puede pausar el proceso de luto. Pero este siempre encuentra la forma de resurgir. Por lo general, ocurre cuando es menos conveniente y en forma de ira irracional, tristeza repentina o incapacidad de conectar con alguien nuevo. ¡Es muy irritante!

Hazte a ti mismo —y a todos— un favor: tómate un descanso. Averigua quién eres cuando no estás con alguien más. Disfruta la soltería. Intenta algo nuevo o redescubre algo que solías disfrutar.

No hay un tiempo establecido para las pausas entre relaciones, pero busca llegar al punto donde te sentirías feliz de ir a una primera cita contigo mismo.

¿Necesitas una medición más específica? Si respondes «No» a más de una de estas siete preguntas, es probable que necesites más tiempo para descansar y sanar:

1. ¿Superaste tu última relación sin que persista algún resentimiento importante que podría evitar que te presentes de forma auténtica con una nueva pareja? (Recuerda: ¡es normal que haya algunos sentimientos persistentes!).
2. ¿Puedes pensar en tu relación previa sin sentir dolor o enojo significativos?
3. ¿En general te sientes en paz en la soltería, pasando tiempo a solas?
4. ¿Has redescubierto tus intereses y pasiones personales que quizá pusiste en espera durante tu última relación?
5. ¿Buscas una nueva relación porque quieres conectar con alguien de forma genuina y no solo para evitar la soledad?
6. ¿Sientes que aprendiste y creciste gracias a tu relación pasada y que estás listo para aplicar esas lecciones en el futuro?
7. ¿Ya terminaste, desde el piloto hasta el final, alguna de estas series: *The Office, Parks and Recreation, New Girl, Seinfeld* o *Las chicas Gilmore?* (Mínimo treinta episodios, porfa).

NO LO FUERCES, NO LE TEMAS

Estarás listo para volver a la escena de las citas cuando estés preparado. No necesitas seguir el cronograma de nadie más. Consúltate a ti mismo con regularidad para ver si deseas conocer a alguien nuevo. Lo más probable es que sientas el impulso de volver a salir cuando el momento sea correcto.

Haz un ritual para limpiar la energía de tu relación pasada. Quema algo de salvia. Realiza una sesión de espiritismo y pide a los espíritus que te liberen. Organiza una fiesta e invita a todos para hablar mierda sobre tu ex. Hornea algo que se parezca a su cara y arrójalo contra la pared, haz una pintura de «despedida» y arrójala al fuego, reúne la *playlist* perfecta de ruptura y baila hasta liberar tu corazón. O, ya sabes, ve a terapia y habla de ello.

Sea cual sea la forma en la que quieras liberarte con el objetivo de comenzar de nuevo, será la correcta. La meta es reincorporarse a la escena de las citas con la sensación de que tu relación pasada está saldada, con el entendimiento de que te dejó algunas heridas y que podrías estar un poco más en guardia, pero también bastante consciente de cómo te afecta tu pasado y abierto a seguir adelante. Esperamos, al menos con un poco de optimismo, que encuentres a una persona que sea un *match* todavía mejor para ti debido a todo lo que has aprendido sobre ti mismo y lo que buscas.

Está BIEN si no has sanado por completo, lo que sea que eso signifique. No es algo real, ni siquiera para TherapyJeff. Todos llevamos cargas; todos tenemos resentimientos; todos tenemos detonantes. Por ende, todavía puedes sentirte triste por un ex, o por dos, o por cinco.

«Sanar» no significa dejar en blanco tu pizarrón emocional. Seguir adelante no consiste en borrar tus experiencias pasadas, sino en integrarlas a la persona que eres hoy.

No estás libre de cicatrices emocionales. En lugar de eso, debes aceptar las cicatrices como parte de tu historia. Esas heridas de batalla son un testimonio de tu resiliencia, y son la prueba de que has enfrentado la ruptura de tu corazón y has emergido con más fortaleza, más sabiduría y más capacidad de amar que antes. Representan crecimiento personal y son las nuevas e interesantes facetas de tu versión auténtica.

No te preocupes por ser la persona más «sana» antes de plantearte volver a salir con alguien. Solo asegúrate de no saltar a la cancha desde el miedo, la evitación o la desesperación, y te irá bien. Mejor que bien: ¡Te irá de maravilla!

Una vez que estés preparado, las posibilidades serán infinitas. Vuelve a las aplicaciones. Pídeles a tus amigos que te presenten a alguien. Ve al bar local. ¡Visita un club sexual! Haz lo que te plazca. Lo importante es que seas congruente con lo que de verdad quieres y con la forma en que deseas encontrarlo. No hace falta tener todas las respuestas, pero es útil tener algunas ideas. Y es todavía más útil ser flexible y adaptarte conforme comienzas a conocer personas nuevas y a tener primeras citas. Vuelve a leer los capítulos que te sean relevantes para que logres que todo comience con un *match*.

Recapitulando, revisa y repasa tus listas con base en tu experiencia más reciente. No seas duro contigo mismo ni con las personas que conoces. Avanza despacio y permite que las cosas se desarrollen con naturalidad. Sé sincero respecto a lo que buscas. Toma riesgos vulnerables con quien pudiera ser un buen *match*. Pregúntate cómo podrías sanar, crecer y evolucionar en una relación para poder abrirte más a la intimidad.

Ya sea que estés soltero, teniendo citas o en una relación de compromiso, mantente siempre fiel a ti mismo y honra tus necesidades, tus valores y tus deseos. Al final, no se trata de encontrar a la pareja perfecta. No existe la pareja perfecta. Pero sí existe el individuo auténtico, completo y pleno que mereces ser, y un número de parejas potenciales grandiosas que anhelan lo mismo.

Siempre recuerda que el amor es una maravillosa *adición* a tu vida, pero no es lo único que determina tu felicidad. Eres más que suficiente en este mismo instante.

Sí, este es un libro sobre relaciones; pero, y no es que al final todo sea un engaño, en realidad es sobre TI. Cuando buscas activamente aprender sobre ti mismo y tus necesidades, y practicas comunicar esas necesidades durante las relaciones, vas a encontrar conexiones auténticas de apoyo y sanación... incluso si es contigo mismo.

LA EXPERIENCIA DICE QUE LA MESA DE SOLTEROS EN LA BODA ES LA MEJOR

Citando mal a Miley, te puedes comprar flores tú mismo. Escribe tu nombre en la arena. Sácate a bailar. Tómate de la mano.

Elegir estar solo, por ahora o por siempre, es una decisión cada vez más popular. Y ya era hora (citando correctamente a Lizzo) porque ¿QUIÉN TIENE TIEMPO? Canalizar tu limitada energía en tu carrera profesional, tus amistades, tu salud física o mental, o en un interés creativo, es tan válido como la búsqueda de una relación romántica. Así que, por favor, haz lo que puedas para asegurarte de estar trabajando en pos de la vida que quieres *para ti* y no la que la sociedad insiste que deberías querer.

Estar soltero es una maravilla, y nunca ha habido mejor época para estarlo. Existen investigaciones que demuestran de manera consistente que los solteros tienen un mayor sentido de autodeterminación y tienen más probabilidades de experimentar crecimiento y desarrollo continuos. Tienen la oportunidad de dedicar tiempo al crecimiento personal, a aprender nuevas habilidades y a llegar a conocerse de verdad sin la influencia de una pareja romántica. Eso es muy bueno.

Un estudio de 2015 publicado en el *Journal of Social and Personal Relationships*[1] encontró que los solteros tienen más probabilidades

[1] Revista de relaciones sociales y personales. *(N. del t.)*.

de mantener relaciones con amigos, hermanos, padres, vecinos y colegas que sus contrapartes casadas. ¿Eso qué significa? Que estar en una relación romántica no es la única manera de propiciar un sistema sólido de apoyo y un sentido de comunidad.

¿No hay una pareja que considerar al tomar decisiones importantes, ya sean grandes o pequeñas? EL SUEÑO. ¿Quieres maratonear *Buffy* por sexta vez? Nadie te va a pedir que mejor le cambies al partido. QUÉ BENDICIÓN. ¿Quieres aprender a pilotar un globo aerostático durante los siguientes diez fines de semana? Nadie te dirá que siente demasiados nervios o te recordará que aceptaste ir a ese estúpido viaje para acampar cuando estabas atontado por la medicina para la gripe. ÉXTASIS.

La satisfacción general con tu vida puede irse hasta las nubes cuando no tienes que hacer concesiones con otra persona ni tener consideración respecto a la forma en que tus decisiones la impactarán.

Y no es por ofender a las personas con pareja allá afuera, pero la elección deliberada de seguir soltero es objetivamente más *punk rock*.

TODO ESTÁ SUCEDIENDO

Terminaré con esto: de nuevo, solo porque una relación terminó, no significa que haya sido una pérdida de tiempo y que no hayas obtenido nada de ella. ¡¿Acaso no aprendimos nada juntos?!

Con cada relación obtienes más claridad respecto a lo que funciona y lo que no. Eres más consciente de la forma en la que te muestras. Tienes una mejor idea de cuáles son tus necesidades y valores. Sabes más respecto a las concesiones que estás dispuesto a hacer y las que son un no definitivo. Exitosa o no, toda relación es un espejo que refleja tus fortalezas, debilidades y patrones, y te da la oportunidad de crecer, aprender y evolucionar. Sí, el luto es duro.

Desearía que hubiera un atajo. ¡Ponte a trabajar, ciencia! Pero puedes usar estas experiencias para cultivar una relación más sana y satisfactoria en el futuro.

Estuve con Kate (mi coautora) durante casi toda la década de mis treinta. Mis mejores años. Es broma, ¡cada año es mi mejor año! Estuvimos casados por más de siete de esos años. Cuando la conocí, me sentí tan aliviado y emocionado. Es graciosa, con los pies en la tierra, inteligente y es una absoluta belleza. Tenemos valores e intereses similares, y disfrutamos el mismo contenido en una proporción aceptable. Creía y tenía la esperanza de que estaríamos casados para siempre. Pero conforme el matrimonio progresó, ambos sentimos que no estábamos satisfaciendo algunas de nuestras necesidades más importantes; necesidades que tal vez no tenían una importancia especial al inicio de la relación, pero que se volvieron importantes conforme crecimos.

Sería conveniente y mucho más increíble si pudiéramos volver la vista atrás a todas las relaciones y decir: «Ah, esto es lo que estaba ignorando. Me aseguraré de no volver a ignorarlo nunca». Pero la vida no funciona así. Nuestras necesidades y deseos evolucionaron con el tiempo, y no siempre es posible predecir la trayectoria de esa evolución.

Terminar una relación no es un fracaso. No hay un límite de un solo gran amor (Kate: ¡¿Después escribiremos *Todo comienza con un matrimonio fallido?!*).

Sí, existe una profunda sensación de pérdida cuando reconocemos que, a veces, nuestro camino se separa del de nuestra pareja. Pero también hay una comprensión empoderante que la acompaña: todos tenemos la capacidad de aprender, cambiar y adaptarnos. No estamos mental o emocionalmente congelados en el tiempo. ¡Gracias a Dios! Somos dinámicos y capaces de crecer.

Entonces sí, con un demonio, cada año es mi mejor año. Cada año es el maldito mejor año de Kate. Y cada año es *TU* maldito mejor año de toda la vida. Porque cada año viene acompañado de nuevas experiencias, lecciones y oportunidades para crecer. Cada año tenemos más claridad respecto a nuestras necesidades y deseos, ya sea dentro de una relación o como individuos, y estamos más en contacto con nuestro verdadero yo. Eso, mis amigos, nunca será un esfuerzo desperdiciado. Nunca.

Y ahora ha llegado el momento que he temido por meses. El último conjunto de preguntas de reflexión en nuestro viaje juntos. No estoy llorando, TÚ estás llorando.

Si estas preguntas te resultan familiares, bueno, ¡así debería ser! Obviamente prestaste atención (de parte de Kate y mía, y lo decimos con toda la sinceridad de nuestros corazones: gracias por leernos). Tómate algunos minutos para responder las siguientes preguntas y luego compara tus respuestas con las del final de la introducción. Puedo apostar dinero en efectivo a que esta vez tus respuestas tendrán más matices, reflejarán mejor una relación que llegará lejos, y estarán más en sintonía con tu versión auténtica.

Y si te está tomando más de un segundo encontrar a la pareja que mereces, recuerda que el reloj NO avanza para el amor y la felicidad. En esta vida, a cualquier edad —y, desde luego, incluso si dejamos este plano mortal para volver al mundo espiritual (¡no olvides preordenar *Todo comienza con una muerte!*)—, nuestra capacidad para conectar no tiene límites.

1. ¿Cómo describirías tu actitud general respecto a las citas y las relaciones?
2. ¿Qué salió bien en tus relaciones pasadas?
3. ¿Qué no salió tan bien en tus relaciones pasadas?
4. ¿Te gusta quién eres cuando estás en una relación?

5. ¿Es fácil o difícil ser auténtico durante tus citas?
6. ¿Sientes la confianza de expresar tus necesidades y deseos?
7. ¿Te sientes listo para una relación?
8. ¿Guardaste el luto apropiado por la pérdida de tus relaciones pasadas?
9. ¿Qué miedos tienes respecto a las citas?
10. ¿Qué disfrutas más de las citas?
11. ¿Crees que puedes encontrar a alguien que sea una buena pareja para ti?
12. ¿Qué obtuviste de este libro? ¿Cuál es el aprendizaje más grande que te llevas? ¿Qué harás de forma diferente en el futuro?

LECTURAS RECOMENDADAS DE AUTORES QUE ADORO

Modern Romance: el amor en la era digital, de Aziz Ansari y Eric Klinenberg (2016).

Love Is Never Enough: How Couples Can Overcome Misunderstandings, Resolve Conflicts, and Solve Relationship Problems Through Cognitive Therapy, de Aaron Beck (2010).

You're Not Doing It Right: Tales of Marriage, Sex, Death, and Other Humiliations, de Michael Ian Black (2012).

The Game of Desire: 5 Surprising Secrets to Dating with Dominance-and Getting What You Want, de Shan Boodram (2019).

I Want This to Work: An Inclusive Guide to Navigating the Most Difficult Relationship Issues We Face in the Modern Age, de Elizabeth Earnshaw (2021).

Una red segura: apego, trauma y no monogamia consensuada, de Jessica Fern (2022).

Hijos adultos de padres emocionalmente inmaduros: cómo recuperarse del distanciamiento, del rechazo o de los padres autoinvolucrados, de Lindsay C. Gibson (2017).

¿Qué hace que el amor perdure?: cómo crear confianza y evitar la traición en la pareja, de John Gottman y Nan Silver (2014).

Los siete principios para hacer que el matrimonio funcione: una guía práctica del mayor experto en parejas, de John Gottman y Nan Silver (2010).

Getting the Love You Want: A Guide for Couples, de Harville Hendrix y Helen LaKelly Hunt (2019).

Abrázame fuerte: siete conversaciones para lograr un amor de por vida, de la doctora Sue Johnson (2019).

Tal como eres: la sorprendente nueva ciencia que transformará tu vida sexual, de Emily Nagoski (2022).

Inteligencia erótica: claves para mantener la pasión en la pareja, de Esther Perel (2013).

Nosotros: más allá de ti y de mí, cómo construir una relación de pareja fuerte, de Terrence Real (2024).

El método Fair Play para las tareas domésticas. Consigue un reparto equitativo en el hogar, de Eve Rodsky (2021).

Comunicación no violenta: un lenguaje de vida, de Marshall Rosenberg (2019).

Conectados para el amor: descifra el cerebro de tu pareja para que tengas una relación más sólida, de Stan Tatkin (2015).

AGRADECIMIENTOS

Gracias a nuestra fantástica agente, Adriana Stimola, de Stimola Literary Studio, quien nos guio por el proceso de publicación como los principiantes que somos e hizo que todo fuera mucho más divertido.

Gracias a nuestras maravillosas editoras, Thea Diklich-Newell y Jess Duffy, cuyos considerados comentarios mejoraron este libro. Y gracias a Lauren, Jess, Gia, Arik, Ben, Lucy, Emily, Bart y a todos los colaboradores que contribuyeron a que este libro se publicara.

Gracias a nuestro amigo Brandon Hrycyk, cuyo diseño de portada dio vida a nuestra visión, y a Jill Hrycyk por el apoyo moral.

Honestamente, nuestro perro Josh solo empeoró las cosas, pero sabemos que le gustaría ver su nombre impreso (¡qué narcisista!).